中央民族大学“统筹支持一流大学一流学科建设
过渡性经费”资助 （项目号：YLDX01020-06）

民族体育文化概论

The Generality of Culture in Ethnic Sports

◎陈丽珠／著

中央民族大学出版社
China Minzu University Press

图书在版编目（CIP）数据

民族体育文化概论/陈丽珠著．—北京：中央民族大学出版社，2015.7

ISBN 978-7-5660-0865-7

Ⅰ．①民…　Ⅱ．①陈…　Ⅲ．①民族地区—体育文化—研究—中国　Ⅳ．①G812.7

中国版本图书馆CIP数据核字（2014）第261938号

民族体育文化概论

作　　者	陈丽珠
责任编辑	李苏幸
封面设计	布拉格
出 版 者	中央民族大学出版社 北京市海淀区中关村南大街27号　邮编:100081 电话:68472815(发行部)　传真:68932751(发行部) 68932218(总编室)　68932447(办公室)
发 行 者	全国各地新华书店
印 刷 厂	北京振兴源印务有限公司
开　　本	787×1092（毫米）　1/16　印张：13.5
字　　数	210千字
版　　次	2015年7月第1版　2015年7月第1次印刷
书　　号	ISBN 978-7-5660-0865-7
定　　价	50.00元

总　序

近年来，中央民族大学体育学院的同行们积极致力于教学科研工作，撰写、发表、出版了大量相关的科研论文与论著，主持或参与了民族传统体育与体质等方向的课题研究，并取得了较为丰富的成果。

中央民族大学体育学院“985 工程”资助项目系列成果，总体以体育学与民族学为研究基本视角。发挥交叉学科科研方法的多缘优势，以提升相关问题研究的科学性与使用价值。

教材类书籍吸收国内外成熟的理论观点，结合中央民族大学多年来的体育教学实际，编写与我校体育教学培养方案与教学大纲相匹配的教材内容。在理论指导的基础上，提出切实可行的教学方案和评价体系，突出教材在教学过程中的规范与可操作性。

科研论著我们力求一改以往同类课题以宏观阐述为主的模式，深入到影响少数民族学生身心的具体环节，得出相关结论，最终依据论证结果设计出最佳解决方案。使民族体育研究具备严谨科学的理论依据，避免以往该类型课题论证与实践过程的粗放与随意。

教学科研成果大多运用了体育学中运动生理学和运动心理学等学科原理，通过测试、数据采集等方式，论证少数民族各群体的健康现状。将民族学人文研究模式与体育学生物性研究模式有机结合，拓宽了民族体育与民族体质研究的渠道。

在民族体育的田野挖掘调研阶段，以民族志“深描”理论为依据。在民族体育的质性研究中，将研究者的现场观察与体验真实地表达，同时把一切能够表达独特关系的情节和文化背景以及民族休育的形式与结构深入而细致地描述出来。而民族传统体育健身功效价值的研究与应用，从感性认识逐步上升为理性的学理实证研究，为民族传统体育的应用实践提供理论依据。

常规体育项目的健身功效已经被证实，并为人们所接受。而民族体育的健身功效，现阶段多为感性介入层面，缺乏体育学学理的实证数理支撑。而少数民族体育作为他者被人们特别是被体育界所接受，需要在体育学与民族学等学科中形成共同的语言系统，从而在学科的概念上展开沟通，并按照通行的规范来展开对话。在此前提下，民族传统体育与体质的研究与应用，通过体育学科中的运动生理学和运动心理学等理论，展开实证研究产生比对数据，得出学界认可的论证结果，形成民族体育和少数民族体质健康研究的崭新模式。

希望今后体育学院的科研工作和做学问的态度，犹如鲁迅先生所说“有真义，去粉饰，少做作，勿卖弄”，质朴而深入。我们也在试图通过以“广开言路，平权交流”、“多元共生，包容互利”为主旨的读书交流和科研讲座等活动，搭建营造体育学院畅所欲言的科研氛围和政治环境。逐步引导我们的学生和老师以平民立场、专家深度、环球视野看待、讨论社会问题和学术问题，最终形成体育学院“提升人文素养，弘扬体育精神”的独特的人文气象。

中央民族大学体育学院院长

2013 年 9 月 27 日

目　录

绪　　论 ………………………………………………………… (1)
第一节　民族体育文化的定义 ……………………………………… (1)
一、有关文化与体育文化的讨论 …………………………………… (1)
二、民族体育文化的定义 …………………………………………… (4)
第二节　民族体育文化研究的对象与领域 ………………………… (7)
一、民族体育文化研究的对象 ……………………………………… (7)
二、民族体育文化研究的领域 ……………………………………… (8)
第三节　民族体育文化与相关学科的关系 ………………………… (9)
一、民族体育文化与文化人类学 …………………………………… (9)
二、民族体育文化与体育人类学 …………………………………… (10)
三、民族体育文化与民俗学 ………………………………………… (11)
第四节　研究民族体育文化的意义 ………………………………… (13)
一、民族体育文化是人类文化的活化石 …………………………… (13)
二、民族体育文化研究有益于对人类文化的全面认识 …………… (13)
三、民族体育文化研究有助于增强对体育文化深层次的认识 …… (14)
四、民族体育文化研究有益于丰富和扩大体育文化研究范围和领域 …… (15)
五、民族体育文化研究有利于促进体育学科与其他学科的交流与协作 …… (16)
第一章　民族体育文化的特性、特质及价值与功能 ……………… (18)
第一节　民族体育文化特性的探究 ………………………………… (18)
一、民族体育文化是人的本质和本质力量的展现 ………………… (18)

二、民族体育文化是人的智慧和创造力的对象化 …………… (19)
三、民族体育文化是人的意识、观念、习俗、
行为方式、制度等的表现形式 ………………………… (19)
第二节 民族体育文化的特质 ………………………………… (21)
一、体育学的视角——竞技性 ………………………… (21)
二、艺术的视角——表演娱乐性 ………………………… (22)
三、医学的视角——养生性 ………………………… (22)
四、人类学的视角——仪式性 ………………………… (23)
第三节 民族体育文化的价值与功能 ………………………… (25)
一、社会文化活动的重要内容 ………………………… (25)
二、强身健体维系民族健康与生存 ………………………… (26)
三、民族凝聚与认同的重要标志 ………………………… (27)
四、人格塑造的重要途径 ………………………… (29)
五、族际交往的桥梁 ………………………… (30)
六、文化传承的重要手段 ………………………… (31)
第二章 世界民族体育文化概况 ………………………… (33)
第一节 世界民族概况 ………………………… (33)
一、世界民族的形成与发展 ………………………… (33)
二、世界五大洲民族简介 ………………………… (36)
第二节 五彩缤纷的五大洲民族体育文化 ………………………… (44)
一、亚洲地区的民族体育文化概况 ………………………… (44)
二、非洲地区的民族体育文化概况 ………………………… (50)
三、欧洲地区的民族体育文化概况 ………………………… (51)
四、美洲地区的民族体育文化概况 ………………………… (56)
五、大洋洲地区的民族体育文化概况 ………………………… (58)
第三章 生计方式对民族体育文化的影响 ………………………… (61)
第一节 采集狩猎生计方式下的民族体育文化特征 ………………… (63)
一、采集狩猎生计方式 ………………………… (63)
二、反映采集狩猎生计方式的民族体育文化 ………………… (64)
第二节 畜牧生计方式下的民族体育文化特征 ………………… (68)

一、畜牧生计方式 …………………………………………………… (68)
二、反映畜牧生计方式的民族体育文化 ………………………… (68)
第三节 农耕生计方式下的民族体育文化特征 ………………… (72)
一、农耕生计方式 …………………………………………………… (72)
二、反映农耕生计方式的民族体育文化 ………………………… (73)
第四章 文化习俗与民族体育文化的互动 ………………………… (76)
第一节 文化习俗与民族体育文化间的关系 …………………… (76)
一、孕育于民族体育活动中的文化习俗的特性 ………………… (77)
二、孕育于民族体育活动中的文化习俗的功能 ………………… (78)
三、文化习俗对民族体育的影响 ………………………………… (79)
四、民族体育文化对文化习俗的作用 …………………………… (81)
第二节 民族体育文化与人生礼仪 ……………………………… (82)
一、民族体育文化与生育习俗 …………………………………… (82)
二、民族体育文化与成年礼 ……………………………………… (84)
三、民族体育文化与婚姻习俗 …………………………………… (86)
四、民族体育文化与丧葬习俗 …………………………………… (89)
第三节 民族体育文化与岁时节庆习俗 ………………………… (89)
一、以时令庆典为主要内容的民族体育文化 …………………… (90)
二、以纪念历史人物为主要内容的民族体育文化 ……………… (92)
三、以祭诸神为主要内容的民族体育文化 ……………………… (94)
第五章 民族体育文化与宗教 ……………………………………… (97)
第一节 原始宗教形态下的民族体育文化 ……………………… (97)
一、自然崇拜与民族体育文化 …………………………………… (98)
二、动植物崇拜与民族体育文化 ………………………………… (99)
三、祖先崇拜、鬼灵崇拜与民族体育文化 ……………………… (100)
四、图腾崇拜与民族体育文化 …………………………………… (102)
第二节 体现在民族体育文化中的宗教规范 …………………… (104)
一、对大自然的敬畏 ……………………………………………… (106)
二、对祖先的尊崇 ………………………………………………… (107)
三、对人类思想道德意识的规范 ………………………………… (109)

四、对人类群体生活方式和价值取向的规范 …………………（110）
第六章 民族体育文化的美学价值 ……………………………（113）
第一节 民族体育文化美的表现形式 ……………………（115）
一、民族体育文化的形式美 ……………………………（115）
二、民族体育文化的自然美 ……………………………（116）
三、民族体育文化的社会美 ……………………………（117）
四、民族体育文化的艺术美 ……………………………（118）
第二节 民族体育文化的美学特征 ………………………（119）
一、客观性 …………………………………………………（119）
二、真实性 …………………………………………………（121）
三、愉悦性 …………………………………………………（122）
四、创造性 …………………………………………………（123）
五、超越性 …………………………………………………（124）
第三节 民族体育文化的和谐美 …………………………（125）
一、人与自然的和谐之美 ………………………………（125）
二、人与社会的和谐之美 ………………………………（126）
三、形式美与心灵美的统一 ……………………………（127）
第七章 民族体育文化的传承、保护与发展 ……………（129）
第一节 民族体育文化的传承 ……………………………（129）
一、民族体育文化是宝贵的文化资本 …………………（130）
二、民族体育文化存在的意义 …………………………（132）
三、民族体育文化在体育文化中的价值 ………………（133）
四、民族体育文化基因的传承 …………………………（134）
五、民族体育文化传承的方式 …………………………（137）
六、民族体育文化传承中亟须处理好的关系 …………（138）
第二节 民族体育文化的保护 ……………………………（140）
一、培养对民族体育文化的自觉意识 …………………（140）
二、树立开放式保护理念 ………………………………（145）
三、民族体育文化保护的多元化 ………………………（146）
第三节 民族体育文化的发展 ……………………………（149）

一、树立民族体育文化的主体意识 …………………………（150）
二、民族体育文化与现代西方体育文化的同等价值 ………（152）
三、民族体育文化应适应现代化的发展 ……………………（155）
四、民族体育文化蕴涵能量的持久释放 ……………………（156）
第八章 民族体育文化的交流与融合 ……………………………（161）
第一节 中华民族体育文化发展历程中的交流与融合 ………（161）
一、中华民族体育文化形成的地理和人文条件 ……………（161）
二、中华民族体育文化间的接触与交流 ……………………（163）
第二节 跨越国界的民族体育文化交流与冲突 ………………（168）
一、中国民族体育活动中的传统文化理念 …………………（168）
二、跨越国界民族体育文化交流的价值 ……………………（169）
三、文化冲突是民族体育文化发展的动因 …………………（170）
四、中西民族体育文化的相互借鉴与融合 …………………（173）
五、民族体育文化交流的方式 ………………………………（174）
第九章 全球化背景下的民族体育文化 …………………………（177）
第一节 当今世界的体育全球化趋势 …………………………（180）
一、经济全球化背景下的全球体育文化 ……………………（180）
二、体育文化全球化的理论对弈 ……………………………（182）
三、体育文化全球化是趋同到差异内涵丰富的过程 ………（186）
第二节 全球化趋势下体育文化的强势与弱势 ………………（187）
一、民族体育文化的弱化倾向 ………………………………（187）
二、世界体育文化与民族体育文化——强势与非主流 ……（188）
三、坚持多样化共存的我国民族体育文化 …………………（189）
第三节 全球化背景下民族体育文化发展的理念 ……………（194）
一、树立民族体育文化的平等观和创新观 …………………（194）
二、多样性和差异性是民族体育文化
互补发展的规律 ……………………………………………（196）
三、创新与保守是民族体育文化复兴的途径 ………………（197）
后　记 ……………………………………………………………（200）

绪　论

第一节　民族体育文化的定义

一、有关文化与体育文化的讨论

在对民族体育文化的概念探讨之前，有必要对文化及体育文化的定义进行一个简单的梳理。

（一）关于文化概念的讨论

在社会科学领域，文化的概念始终是一个没有取得一致并争论不休的问题。但是，这并没有影响文化研究领域的拓宽和理论研究的不断深入。文化定义之争，既是文化研究的难点，也是文化研究深入发展的起点。

1952 年，美国人类学家 A. 克鲁伯和 K. 克拉克洪合写的一部就文化概念进行详尽探讨和评述的著作《文化——关于概念和定义的评论》，书中罗列了从 1871—1951 年 80 年间较为严格的关于文化的定义 161 种。最后，两位人类学家给文化下了综合的定义："文化存在于各种内隐和外显的模式之中，借助符号的运用得以学习和传播，并构成人类群体的特殊成就，这些成就包括他们制造物品的各种具体样式，文化的基本要素是传统（通过历史衍生和由选择得到的）思想观念和价值，其中尤以价值观最为重要。"克鲁伯和克拉克洪的定义为现代东西方的研究者所接受。但是，两位学者著作收录的范围，没有包括中国、苏联和东欧各国学者的论述。

随着19世纪中叶民族学、人类学的产生才给文化赋予了真正的本质含义。因此，尽管对文化的概念人们有很多的歧义，但是对专业术语文化一词源于人类学的著作是基本认同的。而民族学、人类学界最早对文化做出专业性研究成果的是被誉为英国人类学之父的民族学、文化人类学家爱德华·伯纳特·泰勒（E. B. Tylor，1832—1917）。泰勒在《原始文化》一书当中是这样给文化下定义的："文化，或文明，就其广泛的民族学意义来说，是包括全部的知识、信仰、艺术、道德、法律、风俗以及作为社会成员的人所掌握和接受的任何其他的才能和习惯的复合体。"① 这是学术界第一次给文化的一个整体性概念，意义重大而深远，它为文化概念勾画出了一个基本的范围和轮廓。直到今天，国内外各种有关文化的论著和世界主要百科全书中的"文化"条目，几乎无一例外地都要提到这一公认的最早的专业文化定义。

随着20世纪20年代前后民族学、人类学的引进，中国的学术界开始关注文化的问题。蔡元培、梁漱溟、梁启超、胡适等学者对文化的定义予以界定，上述学者的文化界定虽然存在不够完整之处，但民族学、人类学意义上的广义文化概念在他们的思想当中已经基本形成。新中国成立到20世纪80年代初，有关文化概念的研究在中国大陆被搁置。随着人类学、民族学、社会学等学科的恢复，中国大陆学界重新开始对文化概念的探讨。在中国大陆，文化的概念有广义和狭义之分，1980年版的我国《辞海》中文化的定义是："文化从广义来说，指人类社会历史实践过程中所创造的物质财富和精神财富的总和。从狭义来说，指社会的意识形态以及与之相适应的制度和组织机构。"②

从20世纪80年代中国大陆出现"文化热"以来，出现了大量关于文化研究的书籍，研究的水平参差不齐，文化概念有不同的表述，但是并没有超出"经典性"的文化定义，只是由于研究者的研究领域不同，

---

① 〔英〕爱德华·泰勒著，连树声译：《原始文化》，广西师范大学出版社2005年版，第1页。

② 童昭岗、孙麒麟、周宁：《人文体育——体育演绎的文化》，中国海关出版社2002年版，第8页。

强调的重点或表述的词语不同而已。

从人们开始认识文化、研究文化以来，学界一直难以对文化的概念取得一致的认识，但是并没有影响文化的产生、发展和传播，文化无处不在，无时不有，它存在于人类社会生活的每一个角落，影响着我们生活的方方面面。

（二）关于体育文化概念的讨论

体育文化作为文化的重要组成部分是一直存在着的，它对人类社会生活的作用和影响自古有之。在我们没有意识到它的时候，它就存在于人类社会生活当中。

在中国有着尚文轻武的文化传统，因此对体育文化的研究晚于西方国家。西方的文化研究是建立在近代工业、近代科学的基础之上的。文化为了适应新的生产关系，解放生产力，解放思想，逐步向近代文化转型和过渡。早期的人文教育思想复兴了古希腊罗马时期的世俗人文科学，复兴了体育和军事教育的传统。在西方近代文化转型和人文思想的形成过程中，在19世纪下半叶形成了文化研究的热潮，但体育始终被作为教育的组成部分，没有作为一种文化现象予以研究。文艺复兴和宗教改革运动以后，在西方对体育的教化功能有了较充分的认识。

首次将“体育”与“文化”关联起来的是德国著名学者费特（Cu. A. Viet，1736—1836），在他1918年出版的《体育百科全书》第一卷《体育史稿》中首次提到了“身体文化”。到了20世纪人们对身体文化的理解更为多元化，真正意义上的体育文化研究开始于20世纪初，美国历史文化学派为体育文化的研究积累了大量的调查素材。第二次世界大战以后，苏联和东欧逐渐把“身体文化”作为最广义的体育概念来使用，认为它是文化的重要组成部分。“身体文化”的内涵直到20世纪上半叶才真正有了体育文化的意义，西方对体育文化概念正确的认识在20世纪50—60年代后形成。

体育文化是文化的重要组成部分，那么它就有文化的属性和特点。如同人们对文化的概念认识一样，学界对体育文化的概念也有各种说法。但随着人们对体育文化的自觉意识和对其价值认识程度的提高，对体育文化的概念也逐渐深化和明确。随着近代自然科学的兴起和文艺复兴运动的开始，体育文化的价值逐渐被人们认识。中国大陆在20世纪70年代后期也开始了体育文化的研究。

纵观体育学科的发展历程，不难看出体育文化的内涵十分丰富，外延也相当广泛。学界在体育实践过程中不断地研究和探讨体育文化的概念，力求能够准确把握体育文化的外延和内涵。

中国大陆的很多学者并没有轻易地给体育文化下定义，只是论述对体育文化概念的理解。一些学者认为：体育文化作为文化的一种，在人类文明的各个历史阶段、各个社会空间，体育文化展现得极其纷繁复杂，体育文化表现得极具多样性。体育文化的概念集中反映了人们对体育生活和体育现象的概括认识。凡涉及体育的意识、观念、习俗、行为方式、制度等，都属于体育文化。体育文化是人类社会的产物，是一种社会现象。体育文化是体育精神文化和物质文化的总和，体育文化是人类身体教育和发展以及与其相关各种社会行为的总和。从人类文化的概念来讲，体育文化应当是包括一切体育文化现象和与其相关的体育专业学科。

北京申奥和2008年北京奥运会为中国体育文化的研究提供了良好的历史时机，为体育人文社会学科的研究者提供了一个广阔的研究舞台。2008年北京奥运会的成功举办让更多的人认识了体育文化、认识了体育文化在我们社会生活当中的重要地位和作用，纠正了人们对体育的诸多偏见，减少了人们对体育的误解。在我国成为经济大国的今天，要想成为文化大国，构建一个国家的软实力，体育文化是不可缺少的重要组成部分。

二、民族体育文化的定义

（一）民族体育文化的定义

民族体育文化是体育文化和民族文化的重要组成部分，“是民族文化中最活跃、最积极和影响最直接、最广泛而又深远的社会实践活动之一。”[①] 民族传统体育经历的时空漫长，孕育了深刻的文化内涵。它的形成与发展有其深刻的历史原因，它与自然环境、人们的生产生活方式、军事斗争、信仰、教育和人的思想情感等有着密切的关系。

在历史的演进过程中，民族体育文化也在不断地发展以适应时代的变化和要求，所以至今在各民族社会文化生活当中发挥着积极的作用，有着规范民族的群体生活方式、思想价值取向的作用，能够促进民族的共识和认同感。同时，民族体育文化是剖析体育起源和发展各阶段、诸形态的活化石，是一笔特殊的宝贵财富。在全世界 170 多个国家和地区，每个民族、每个地区都有其独特的体育文化。

至今民族体育文化还没有一个统一的权威的定义，一个学科概念的定义准确与否影响着学科的发展方向。尽管对民族体育文化的概念有争论，但是并没有影响致力于民族体育文化研究的学者对其进行研究，发现其发生、发展的规律，特别是在体育文化、民族文化当中的地位和作用以及民族体育文化对人类社会生活的影响。王岗在《民族传统体育文化发展的文化审视》一书中认为民族传统体育是指：“世界各民族在不同历史时期所创造的以满足人在不同历史时期身心发展需要的体育活动形式。”[②] 易剑东认为：“我们可以在民族体育文化的历时性层面上来认识传统体育文化……由于传统是历史沿传的产物，我们可以把传统体育文化界定为：人类不同民族在不同历史时期创造的沿传下来的对现实有影响的体育文化。”[③] 《民族体育传统概论》一书则认为：民族体育“应该包括民族的传统体育和民族的现代体育”。“民族传统体育是指某一个或几个特定的民族历代因循传承下来的、在一定范围内开展的、具有浓郁民族文化特色和特征的竞技娱乐活动。”[④]

综合分析以上几个有关民族体育文化的概念，从事物的总体来看，

---

① 盛琦、丁志明编著：《中国体育风俗》，天津人民出版社 1992 年版，第 1 页。

② 王岗、王铁新：《民族传统体育发展的文化审视》，北京体育大学出版社 2005 年版，第 41 页。

③ 易剑东：《体育文化学》，北京体育大学出版社 2006 年版，第 279 页。

④ 邱丕相：《民族体育传统概论》，高等教育出版社 2008 年版，第 3—5 页。

民族体育文化具有民族性、地域性、传承性、时代性、客观性、变异性和历史性；其体育的特征表现为健身娱乐性、竞技与对抗性、极强的观赏性和广泛的参与性；在一定程度上反映某个或几个民族的历史文化、社会制度、宗教礼仪、风俗习惯以及心理状态等。民族体育文化是因物质生活和社会心理需要而生成、传播和继承的，是人类生活、社会发展的活态文化。

民族体育文化是相对于近代以来的西方体育。随着西方的商人、传教士以及西方的坚船利炮近代体育活动传入中国，并逐渐取代了中国的民族体育活动，西方现代体育成为主流。卢元镇先生在《体育社会学》一书中认为："现代体育是以西方工业社会革命和文艺复兴运动为背景而产生的体育运动，包含以增进社会健康为理想的大众体育、以谋求人的全面协调发展为目的学校体育和以奥林匹克为核心的竞技体育运动三个部分。"① 其实，随着西方现代体育的兴起，世界各民族各地民族体育文化失去了其主流地位，但是并没有完全在大众体育和学校体育中消失，只是在不同历史时期发挥的作用不同而已。

（二）民族体育文化的内涵和外延

民族体育文化作为一种独立的文化形态，它的内涵应当包括民族体育文化的过去、现在和将来。民族体育文化是民族文化的重要组成部分，作为一种文化样式具有自身的形成、发展及生存的历史过程，它记载了人类历史发展的轨迹，积淀深厚，文化特征鲜明而独特，具有丰富的科学内涵。民族体育文化既是民族自身特有的、稳定的精神物质文化，又是在自然环境和社会生活的变迁中，在文化的交流过程中与其他文化体系相互依存和相互作用，民族体育文化不是一种孤立存在的文化现象，民族文化的广阔背景是民族体育文化形成的基础，它的产生和发展是诸多民族文化征象的综合体现。民族体育文化在人类时空变化的格局中，在不断地演化和发展，在现代社会需求变化的背景中展示着其文化功能与社会价值，呈现出新的时代气息和发展趋势。

---

① 卢元镇：《体育社会学》，北京体育大学出版社2006年版，第166页。

民族体育文化的外延反映了它在人类文化整体框架中所处的位置、状态特征和社会价值。民族体育文化是人类文化整体构架当中具有独立特征和样式的组成部分，由于各民族的生存区域、生产和生活方式、文化积累和传播的方式的不同而产生出不同的民族体育文化。因此，在民族同源文化的整体构建中，民族体育文化既是一个独立的文化元，又是多种文化元之间的汇集点，如生态环境孕育了民族体育活动的方式、民俗活动为民族体育生存提供载体、宗教仪式是民族体育活动主要源泉之一。民族体育文化不是区别地理或生物学的标志，而是建立在社会历史和文化传统的基础上，用体育运动形态体现出民族语言、心理、性格，因此民族体育文化能够规范人格、振奋民族精神、唤醒民族意识、维系民族情感、增强民族凝聚力。

民族体育文化是一种多元的社会文化形态，随着社会的发展、人类的进步，它的内涵将不断丰富，外延也将不断拓展。

第二节　民族体育文化研究的对象与领域

一、民族体育文化研究的对象

民族体育文化是人类文化的重要组成部分，是被置于人类文化的大背景下进行研究，因此民族体育文化研究会涉及一个或多个民族的社会文化和社会生活的各个层面，从精神文化、制度文化到物质文化。

一些体育文化的研究者认为，民族体育文化的研究对象是：

“研究各国民族体育与民族文化的关系及民族传统体育在各历史时期的兴衰，揭示影响、支配、制约体育演进变异的历史文化环境诸因素，特别是这些因素与体育的接触区和关系焦点，为世界多民族体育文化的融合提供借鉴。文化人类学和民俗学能为本领域的研究提供借鉴。”①

“从宏观上、整体上综合研究民族体育文化的基本特征和发展规律，剖析民族体育文化的社会地位、功能、目的、任务及其与各民族的政治、经济、文化、宗教风俗等的联系。”②

“应从整体上揭示民族传统体育的本质特点和基本内容体系，剖析民族传统体育的社会地位、作用与功能、目的任务及其与各种传统文化现象之间的关系，阐明民族传统体育作为一种社会形态的发展规律，以指导民族传统体育向着科学化、合理化方向发展。”③

因此，民族体育文化是一门综合性的体育人文学科，对民族体育文化现象进行专门性研究，是以民族体育生活、民族体育现象以及与其相关的社会文化和社会生活为研究对象，从整体上揭示民族体育文化的本质特点和基本内容体系，剖析民族体育文化的社会地位、作用与功能、目的任务及其与各种文化现象之间的关系，阐明民族体育文化作为一种社会文化形态产生、形成与发展的规律。

二、民族体育文化研究的领域

研究领域是研究对象的具体化，如前所述，民族体育文化涉及一个或多个民族的社会文化和社会生活的各个层面，因此其研究领域也相当广泛，它是以多学科的理论和方法为研究基础的。由于事物在不断发展变化，人文学科的研究不仅具有历时性，同时还具有现实性，具有一定的难以确定性。因此，根据当前的研究内容及热点和难点，民族体育文化的研究领域主要包括以下内容。

---

① 易剑东：《体育文化学》，北京体育大学出版社 2006 年版，第 61 页。

② 徐玉良、方征：《少数民族传统体育通论》，远方出版社 2002 年版，第 5 页。

③ 曾于久、刘星亮：《民族传统体育概论》，人民体育出版社 1999 年版，第 13—14 页。

（一）民族体育文化概念的研究

概念的研究是一门学科研究的基础，它决定着一门学科是否能够沿着正确的方向发展。民族体育文化概念的研究要借助相关学科的理论和研究方法，要经过反复的论证和充分研讨，有了科学严谨的概念，才能准确地把握该学科的研究对象和内容。

（二）民族体育文化发展一般规律的研究

研究民族体育文化的特征、结构、功能、价值、传承、隔离、冲突、变迁、分化与整合、变异与涵化等的一般规律。

（三）民族体育文化与相关学科关系的研究

民族体育文化与历史学、人类学、民族学、民俗学等学科关系密切，从研究理论、方法到具体事物都有借鉴，同时研究的领域时有交叉。

第三节　民族体育文化与相关学科的关系

一、民族体育文化与文化人类学

文化人类学是人类学的分支学科。人类学包括体质人类学、语言学、考古学和民族学或文化人类学。“英国的‘社会人类学’（social anthropology）、美国的‘文化人类学’（cultural anthropology）和‘社会文化人类学’（sociocultural anthropology），无论从研究对象和范围来说，都基本等同于民族学，彼此间也经常互相通用。”[①] 文化人类学即民族学，威斯勒在《纳尔逊百科全书》的定义：“民族学便是‘社会生活的自然史’（The Natural History of Social Life）。换言之，便是关于各民族

① 林耀华主编：《民族学通论》，中央民族大学出版社 1997 年版，第 1 页。

的文化的现状及其演进的研究。”① 我国著名的人类学家林惠祥先生认为：“详言之，便是探讨人类的生活状况、社会组织、伦理观念、宗教、魔术、语言、艺术等制度的起源、演进及传播。”②《民族学通论》认为：“民族学对各民族的基本知识、社会经济结构、政治制度、社会生活、婚姻家庭、风俗习惯、宗教信仰、文学艺术、道德规范、思想意识，等等，都要全面加以探讨。”③

民族体育文化是各民族社会生活的重要组成部分，与各民族所处的自然环境、社会结构、生产生活、风俗习惯、宗教信仰、军事斗争、教育等密切相关。

因此，民族体育文化的研究内容与文化人类学的研究内容多有交叉，同时在民族体育文化的研究过程中借助文化人类学的理论与方法。

二、民族体育文化与体育人类学

体育人类学的英文名称为 Sport Anthropology，是人类学的一个分支，是体育学科领域当中的新兴学科。它是一门交叉学科，运用人类学的理论和方法对与人类有关的体育文化活动进行研究。作为体质人类学和文化人类学的结合点，它揭示和分析人类与体育相关的因素，综合研究人类的体育问题。它从人类发展的漫长过程中研究体育的一般规律及其在理论上表现的具体形式，揭示体育过程的内在结构，在不同形式的体育过程和与之相似的社会现象中寻找共同的规律。

体育人类学从人类进化的角度，探讨人类进化过程中身体结构和运动方式的变化，人类各种身体运动文化的起源、进化、发展和变异，人类身体运动文化的类型与自然环境的关系，作为文化交流媒介的体育运动文化的传播和变异，体育运动文化在人类整个文化制度中的功能以及它与文化制度中其他要素之间的关系，各个不同民族的传统体育和竞技

① 林惠祥：《文化人类学》，商务印书馆 2002 年版，第 12 页。
② 林惠祥：《文化人类学》，商务印书馆 2002 年版，第 12—13 页。
③ 林耀华主编：《民族学通论》，中央民族大学出版社 1997 年版，第 11 页。

文化的继承和发扬等。体育人类学涉及游戏、竞赛、锻炼、舞蹈以及人类身体运动的许多方面。

有的学者认为，体育人类学研究的重点是史前时代和未开化民族的体育现象。但是，一般而言，人类学着眼于人类的过去和现在。但就其新分支和属于应用人类学范畴的体育人类学来说，不能不把目光投向未来。因为，文明的进步带来生存环境的异化，也导致体质的弱化；生产方式的突变，导致人类的体力不再是生产力的衍生因素，这必将引发体育方式的彻底变革。体育人类学正是要结合体质和文化人类学，探讨社会的异化导致的体育需求，揭示体育与人类其他人文社会实践活动的联系，确立体育在未来社会的行进方向。健康，体现着人类对自身前途和命运的基本关怀；体育，是追寻健康的积极方式，是体现这种基本关怀的最佳执行者。体育人类学，为实施基本关怀提供理论依据。

综上所述，民族体育文化是体育人类学研究的主要内容之一。在人类学的视野下，研究民族体育所依赖的空间、文化以及拥有这种文化的人群。民族体育文化不但关注民族体育的产生，同时关注民族体育在人类现代生活当中的价值和作用。

三、民族体育文化与民俗学

民俗学一词最早见于英国，它源自英语的Folklore。“民俗学是一门以民间风俗习惯为研究对象的人文科学。”① 包含了历史民俗学、理论民俗学、应用民俗学三个大的学科分支。民间（folk）是指民众中间，这个“民间”是相对于官方而言的；风俗（Lore）是指民众“在社会生活中世代传承、相沿成习的生活模式，它是一个社会群体在语言、行为和心理上的集体习惯”②。民俗是民间文化的重要组成部分，《民俗学概论》认为：“每个民族的文化都有上、中、下三层，民俗是中下层民

① 钟敬文：《民俗学概论》，上海文艺出版社2009年版，第1页。
② 钟敬文：《民俗学概论》，上海文艺出版社2009年版，第3页。

间文化的一部分。”①

民俗学早期的代表人物是德国的格林兄弟。但是，民俗学（folklore）一词却是1846年才由汤姆斯（W. J. Thomas）首先提出。在此之前，民俗学在德国被称为人民学（volkskunde），在英国及欧洲其他国家被称为大众古俗（popular antiquities）或俗文学（popular literature）。1846年，在写给《雅典娜神庙》杂志的信中，英国考古学家汤姆斯提出用folklore一词来概括这一新兴的学科。从此以后，民俗学风靡欧洲。

中国现代民俗学奠基人之一钟敬文先生在其主编的《民族学概论》中认为：“民俗是人民大众创造、享用和传承的生活文化。它既包括农村民俗，也包括城镇和都市民俗；既包括古代民俗传统，也包括新产生的民俗现象；既包括以口语传承的民间文学，也包括以物质形式、行为和心理等方式传承的物质、精神及社会组织等民俗。民俗虽然是一种历史文化传统，但也是人民现实生活中的一个重要部分。”② 此段论述对民俗学的研究对象作了清晰的界定，但是还要通过民俗学的特征确定民俗学的研究边界。民俗学作为一种社会文化现象有以下特点：第一，它们是社会的、集体的现象，不是个人有意或无意的创作。即使有的原来是个人或少数人创立或发起的，但也必须经过集体长时间的仿效和反复履行，才能成为风俗。第二，与集体性密切相关。这种现象的存在，不是个性的，而是类型的或模式的。第三，它们在时间上是传承的，在空间上是扩布的。即使是少数新生的民俗，也要具有这种特点。这些特点与一般文化史上个人的、特定的、一时（或短时）的文化产物和现象显著不同。

属于体育学科的民族体育文化与民俗学的研究侧重点不同。民族体育文化研究体育物质、精神、制度文化及其相互关系以及它们与外部世界的关联。民族体育文化重视民族体育文化的起源、发展及其迁移、混合、分化等问题的研究，而民俗学在研究的过程中并不重视这些；民族体育文化经常进行多民族、跨国界的研究，民俗学只关注本国或本民族。但是，民族体育文化与民俗学都是以民族文化为研究主体，它们在

---

①② 钟敬文：《民俗学概论》，上海文艺出版社2009年版，第4页。

研究内容上有交叉和融合，在研究的理论与方法上也有相同之处。

第四节　研究民族体育文化的意义

一、民族体育文化是人类文化的活化石

民族体育文化是历史文化的遗存，与各民族的生产生活方式、军事训练、宗教信仰、风俗习惯等密切相连，是民族历史文化的活画卷，蕴涵着丰富的历史文化信息。民族体育文化可以追溯到原始社会时期，从原始社会人类即开始孕育民族体育文化的因素，如生产劳动是原始社会人类的主要社会活动，人们在采集、狩猎、捕鱼等生产活动中创造了一系列的生产、生活技能，为了生存的需要，这些技能得以代代传承，随着人类生产方式的进步，有的经过长期的历史演变，成为各民族体育活动项目，继而成为一种文化形式，由生存的技能演变为人化物，对人格塑造起着至关重要的作用。通过民族体育文化，犹如通过时光的隧道看到了各民族社会生活的生动画卷，展示了历史风貌，再现了时代的印记。因为，作为历史发展的产物，从另一个角度保存和反映了一个民族在历史进程中不同时代生产力发展状况、科学技术发展程度以及人类创造能力和认识水平的原生态。因此，民族体育文化为我们认识人类历史提供了活化石。

二、民族体育文化研究有益于对人类文化的全面认识

在 19 世纪的下半叶，西方形成了文化研究的热潮，但是体育则只被认为是教育的组成部分，并没有被作为一门具体的文化学科得到文化研究者的重视和深入研究。当时，体育作为教育的一部分研究得到了长足的发展，科学的体育思想在逐渐形成，人们认识到了体育的教化功能，但是体育概念的研究没有拓展到社会文化领域。德国著名学者费特（Cu. A. Viet）在他的《体育百科全书》第一卷《体育史稿》当中使用

了“身体文化”一词，他认为这个词是指斯拉夫民族的沐浴和按摩等保健养生活动。19 世纪末期“身体文化”这个词被广泛运用。20 世纪上半叶，体育文化的内涵才扩展到体育文化的意义上来。在此之前，在整个社会文化体系当中，体育文化的地位并没有得到承认和确立。第二次世界大战以后，英、德、美、法、苏联及东欧一些国家掀起了体育文化研究的热潮，认为体育文化是整个文化的重要组成部分。到了 20 世纪 80 年代，在文化研究领域体育文化显示出了它的社会影响力，人们对体育文化的理解和认识更趋于理性和科学。尽管文化背景、政治制度不同，但是人们对体育文化最本质的认识基本是一致的。

民族体育文化是民族文化的重要组成部分，具有时间跨度大、综合性强的特点，它的内涵和外延非常丰富，与其他文化形式有着密切的关系，包含了众多的文化元素。在原始社会民族体育文化存在于宗教、教育、娱乐、医疗、军事等活动中，与人类的生产生活实践、宗教活动、军事斗争重叠交错在一起，并没有清晰的界限，这些社会实践活动是民族体育文化的源泉。如通过民族体育文化看到人类教育的发端，由于当时语言、文字的限制，人类生产、生活的技能主要是通过人体活动作为传授的主要手段，因此人类的祖先通过生产、生活技能的传授出现了人类最初的教育，我们今天看到的一些民族体育活动就是由人类祖先传授生产、生活技能演变而来的。通过对民族体育文化的研究就能够从另外一个视角全面认识人类社会文化。

三、民族体育文化研究有助于增强对体育文化深层次的认识

民族体育从表面看只是单纯的身体活动，就最基本体育的功能来讲对人的身心健康会产生积极影响。但是如果把它作为一种人类社会的文化现象进行深入的研究，我们就会对体育文化有更深层次的认识。民族体育文化具有教育、健身、娱乐、竞技、审美、社交、祭神娱神、经济等多种功能。如民族体育活动很多来源于宗教文化的宗教仪式，宗教仪式包括祈祷、音乐舞蹈、肉体刺激、讲道、朗诵教规、模仿、圣物的禁

忌、宴会、牺牲、集会和灵感等，其中有的舞蹈、肉体刺激、模仿演变为今天的民族体育活动，这些活动传达社会认为有价值的观念。用宗教文化的视角诠释民族体育文化，能够从深层次理解民族传统体育存在的价值，揭示出民族传统体育在规范人们的思想道德意识、群体生活方式和价值取向等方面具有的其他文化形式所不能替代的积极作用。

四、民族体育文化研究有益于丰富和扩大体育文化研究范围和领域

民族体育文化的形成和发展，起先都是在彼此隔绝的社会环境当中进行的，经历的时空漫长，是具有多重性质的文化现象。因此，民族体育文化具有丰富多彩的外部形态和多种文化内涵，至今在各民族社会生活当中发挥着不可替代的作用。它深深蕴藏着所属民族的文化基因和精神特质，反映和表现了一个民族共同的心理结构、思维习惯、生活风习等内容；有着规范民族的群体生活方式、思想价值取向的作用，能够促进民族的共识和认同感。

今天，以西方为主的现代体育在世界体育文化中占据着主导地位，我们研究西方现代体育对世界政治、经济、文化和社会的影响。奥林匹克运动项目被称之为现代竞技体育运动项目，虽然这些运动项目大多都源自西方，但是历史上它也是西方某个地域或某个民族或某几个民族的传统体育项目。由于近代工业化革命以后，西方成为现代文明的发源地，在各个领域迅速发展，在世界上处于领先地位，对世界的影响越来越大。随着西方的经济在世界统治地位的形成，其文化随之对世界的影响也随之加大，反映西方文化价值观念的现代奥林匹克运动也自然变成了世界性的主流体育活动。因此，民族体育文化与现代体育的形成、发展有着密切的渊源关系，通过对世界各民族体育文化的研究丰富和扩大了世界体育文化范围和领域，加深了对体育文化更深层次的认识。

五、民族体育文化研究有利于促进体育学科与其他学科的交流与协作

民族体育文化的产生是一个长期孕育演变的过程，其发展是一个长期积累、选择、变异、冲突、交融、定型的过程。因此，民族体育文化从其研究对象、研究方法与民族学、人类学、民俗学、哲学、历史学密切相关。民族体育文化借助这些学科的理论和方法，从多学科、多角度、多层次、多方面进行研究。

通过历史学的研究方法和理论可对民族体育文化的发展和演变过程做纵向研究。“人类学是对人类过去和现在所有的生物复杂性与文化复杂性的研究。”① 美国人类学家博厄斯及其追随者提倡的文化相对论认为：“任何一种文化都有自己的特征、个性；在过去、现在和将来，任何文化在价值上都是平等的，不能用普遍的、共同的、绝对的标准去衡量一种文化的价值；强调每种不同的文化都有独特的价值标准，认为每种社会文化都是该社会与其特定环境相调适的产物。”② 一方面，用文化相对论的观点研究民族体育文化，能够使研究者在研究的过程中，保持价值中立，尊重非己文化，坚持不同文化的平等地位，从而为各民族体育文化的传承、保护、发展和交流提供一个平等的舞台。另一方面，通过用人类学、民族学的理论和方法研究民族体育文化，研究各民族体育文化的自身价值，通过民族体育文化这个视角去看世界，从而丰富人类学、民族学的研究内容。

民俗是民众生活形态的真实反映，举凡生活中衣、食、住、行、育、乐的内涵与形式以及其间思想、行为、仪节、活动的记录与形成，都是民俗学探讨的主题。民俗学对历史与当代的民俗事象，进行调查、收集、整理、描述、分析和论证，探求它的本质结构、特点与社会功

---

① 〔美〕卢克·拉斯特（Luke Lassiter），王媛、徐默译：《人类学的邀请》，北京大学出版社 2008 年版，第 4 页。

② 〔美〕卢克·拉斯特（Luke Lassiter），王媛、徐默译：《人类学的邀请》，北京大学出版社 2008 年版，第 37 页。

能，揭示其发生、发展、传承、演变、消亡的规律，为人类社会的健康发展服务。通过民俗学的研究，人们认识历史与文化，改造现实社会。今天，民俗学研究涉及的领域，随着时间的推移也越来越广泛，在有些国家已经扩展到全部的社会生活和文化领域。民俗学研究的岁时节日民俗、人生礼仪民俗、民俗信仰等当中有诸多民族体育文化的内容，因此民俗学为民族体育文化的研究提供了丰富的素材。通过对民俗学当中民族体育文化元素的研究，能够进一步揭示民俗学、民族体育文化在社会生活与文化系统中的地位以及它们之间的关系，充分发挥它们的作用。

参考资料

1. 王岗、王铁新：《民族传统体育发展的文化审视》，北京体育大学出版社 2005 年版。

2. 易剑东：《体育文化学》，北京体育大学出版社 2006 年版。

3. 邱丕相：《民族体育传统概论》，高等教育出版社 2008 年版。

4. 卢元镇：《体育社会学》，北京体育大学出版社 2006 年版。

5. 徐玉良、方征：《少数民族传统体育通论》，远方出版社 2002 年版。

6. 曾于久、刘星亮：《民族传统体育概论》，人民体育出版社 1999 年版。

7. 林耀华主编：《民族学通论》，中央民族大学出版社 1997 年版。

8. 林惠祥：《文化人类学》，商务印书馆 2002 年版。

9. 钟敬文：《民俗学概论》，上海文艺出版社 2009 年版。

10. 〔美〕卢克·拉斯特（Luke Lassiter），王媛、徐默译：《人类学的邀请》，北京大学出版社 2008 年版。

11. 姚重军编著：《少数民族传统体育文化研究》，民族出版社 2004 年版。

12. 童昭岗、孙麒麟、周宁：《人文体育——体育演绎的文化》，中国海关出版社 2002 年版。

13. 刘忆湘：《体育与文化》，武汉理工大学出版社 2010 年版。

14. 绕远、刘竹：《中国少数民族体育文化通论》，人民出版社 2009 年版。

15. 盛琦、丁志明编著：《中国体育风俗》，天津人民出版社 1992 年版。

16. 〔英〕爱德华·泰勒著，连树声译：《原始文化》，广西师范大学出版社 2005 年版。

第一章　民族体育文化的特性、特质及价值与功能

第一节　民族体育文化特性的探究

在探究民族体育文化特性的时候，主要参考和依据它的内容、传承、效用三个方面来定义，即：民族体育文化特性的表现方式是，既通过人的本质和本质力量的展现来表达，又通过人的智慧和创造能力的对象化来展示，通过人的意识、观念、习俗、行为方式、制度等的表现形式来诠释，在这三个方面的不同维度充分表达了民族体育文化的特性。

一、民族体育文化是人的本质和本质力量的展现

本质是“指事物本身所固有的、决定事物性质、面貌和发展的根本属性。事物的本质是隐蔽的，是通过现象来表现的、不能用简单的直观去认识，必须通过现象掌握本质”①。“文化是人的本质和本质力量的展现。”②“体育起源于人的本质，根源于人类特有的本性。”③民族体育文化是一种综合文化形态，不是一种孤立的文化现象，它的形成以多

---

① 中国社会科学院语言研究所词典编辑室编：《现代汉语词典》，商务印书馆2008年版，第58页。

② 童昭岗、孙麒麟、周宁：《人文体育——体育演绎的文化》，中国海关出版社2002年版，第55页。

③ 饶远、刘竹：《中国少数民族体育文化通论》，人民出版社2009年版，第41页。

种文化因素为基础，它的生存和发展再现了多种文化现象。人类的各种智慧和创造力必须通过人的形体、姿态、行为、语言、文字等表现出来，民族体育文化是以各种形态、动作技能、口令等为主要表现形式的身体文化。因此，民族体育文化从另一个侧面展现了人类的本质。

从民族体育文化的运动形式和其发展历史可以看出，都有其显著的民族特征，而且与其同源文化保持着相依相存的密切关系。

二、民族体育文化是人的智慧和创造力的对象化

“所谓对象化，就是人的本质在实践过程中以一定的外在形式表现出来。”[①] 文化存在于人、社会和人的社会活动当中，“人的身体是体育文化的基本点，人的精神和价值观念是体育文化的核心，人的自由和全面发展是体育文化的基本目标”[②]。因此，人是民族体育文化的基础和依托，民族体育文化与各民族的生产、生活密切相关，是各民族生存的主要手段之一，是各民族体力、智力和心理锻炼的特殊手段，是民族文化模式的外在表现。民族体育文化体现着两种社会价值：一种是显于外的，强身健体的身体活动；一是蕴于内的，益人心智的文化活动。民族体育文化就是人在社会生活和实践过程中，人的智慧和创造力的对象化。

三、民族体育文化是人的意识、观念、习俗、行为方式、制度等的表现形式

英国民族学、人类学家爱德华·伯纳特·泰勒（E. B. Tlor，1832—1917）在1871年出版的《原始文化》一书中写道：“文化……就其宽泛的民族学意义来讲，是一个复杂的统一体，它包括知识、信仰、艺术、道德、法律、习俗，以及作为一名社会成员所获得的一切其他能力

---

① 易剑东：《体育文化学》，北京体育大学出版社2006年版，第96页。

② 易剑东：《体育文化学》，北京体育大学出版社2006年版，第92页。

和习惯。”① 作为民族文化的重要组成部分，民族体育文化是一个多层次、多内容、多形式的构成体。民族体育文化来源于各民族的物质和精神生活的方方面面，人类的劳动、生活、战争、宗教、人际间交往、娱乐和健身等活动是民族体育文化的源泉，它所体现的文化内容也是多样性的，是民族文化的综合体现。

在人类社会的早期，各民族的先民，为了生存的需要，采集花果、猎取动物、掰折棍棒、打制石器，利用手中的工具，通过奔跑、跳跃、攀登、爬跃、投掷获取食物，民族体育也有了它最初的萌芽。但是，在远古时代，人类对大自然的认知非常有限，面对变化莫测的自然现象，只能依靠幻想中的形式与力量，借助于某些无意中的巧合和自己微薄的努力。于是，强化自身和祈求幻想中的神灵和魔力，就成了人们维持生存的需求。人类从使用木质工具开始，经历了石制工具，中间还伴有使用贝壳、骨骼和兽角制造工具，到人们学会了冶炼技术，铁得到广泛的使用，人类在不断地吸取前人的经验，改造劳动工具，以各种形式强化自身体能；人们在劳动的间隙，将劳动、军事斗争和生活当中获得的技能演示给神灵，以慰神、娱神，求得神灵的保护和支持，形成了民族体育文化的雏形和留存。随着劳动工具的不断改进，生产力的水平不断地提高，采猎的食物开始有了剩余，老人和小孩有了闲暇时间，富有生产和生活经验的老人们，开始有计划、有意识地传授生产生活技能和娱乐健身本领，出现了最早的教育及祭祀娱乐活动形式，民族体育开始形成，民族体育文化的雏形也随之奠定。

因此，民族体育文化是以各种民族体育活动——行为文化为载体，通过使用各种体育用品、器械、工具（物质文化），体现出各民族的民族意识、价值观念、宗教信仰、风俗习惯、伦理道德、审美心理、社会组织形式、民族体育活动形式、规范、竞赛制度、竞赛规则等。

---

① 〔美〕卢克·拉斯特（Luke Lassiter）著，王媛、徐默译：《人类学的邀请》，北京大学出版社2008年版，第47—48页。

第二节　民族体育文化的特质

一、体育学的视角——竞技性

竞技性是体育文化共同的本质特征，也是体育文化的魅力所在。民族体育文化的竞技性表现得更加丰富多彩，因为民族体育文化产生于不同的文化生态环境，一些还保留着原生态的文化因子。人类的祖先，为了生存获取食物而提高体能并学习劳动的技能，为了争夺生存的空间而发动战争，为了祭奠祖先和神灵而举行祭礼。因此，赛跑、攀登、跳高、游泳、搏斗、摔跤、投掷飞镖、射弩、射箭等活动无不具有强烈的竞技性，以此表现生存的能力、勇猛顽强的精神和对祖先神灵的敬畏。

龙舟竞渡是由我国多个民族所共有的民族传统体育项目，它是中国文化当中龙文化特征的完美体现，与龙神崇拜、地理环境、生产生活方式相融合，经历了漫长的发展过程，集思想性、竞技性、娱乐性为一体。龙是中华民族的象征，我们自称是龙的传人，在中国古老文化的漫长历史中，有许多关于龙的传说和由此衍生出各种各样以龙为主体的活动，龙舟竞渡在众多活动中具有久远的经历和丰富的文化内涵。龙崇拜起源于新石器时代的早期，距今不少于八千年。生产活动使人们同大自然的接触越来越多，在远古自然界作为人之外的不可思议的力量对人们精神世界的撞击越来越大。在中国这个以农业为主的国家，水对农业生产的重要性众所周知，龙作为与“水”相关的“神物”能够司雨主旱涝，成为人们崇拜的对象。作为水上载体的“舟”，是我们的祖先用来生产劳动和战争所需的工具，龙舟的结合是人们在生产生活中为了祈求龙神的保佑而形成的，最早的龙舟竞渡是以宗教性、娱神性为主；随着时间的推移，龙舟竞渡逐渐走向民间化、世俗化，表现出强烈的竞技性。

二、艺术的视角——表演娱乐性

“艺术蕴涵体育，体育深藏艺术。”[①] 体育是以身体动作、行为为载体表现出来的一种外显文化。民族体育文化独具艺术魅力，表现出极强的表演娱乐性。通过民族体育文化活动，展示民族风采、显示民族力量、振奋民族精神，达到愉悦身心、调节情感、陶冶情操的目的。

民族体育文化的表演娱乐性既作用于个人，同时作用于社会。如阿昌族是居住在云南的少数民族，现有人口三万三千九百多人，阿昌族信奉小乘佛教。每年农历八九月间，是迎接佛祖返回人间的日子，要举办“会街”节，“会街”阿昌语称“熬露”，源于阿昌族信奉的小乘佛教。传说佛祖“个打马”（释迦牟尼）为母亲上天念经三日（相当于地上三月）返回人间时，佛光普照，青龙白象呈祥。会街这天，当天空霞光初露，小伙子们便身背户撒长刀，挎着象脚鼓，姑娘们身着鲜艳的民族服装，在鼓乐和鞭炮声中簇拥着披红挂绿的青龙、白象进入会街节广场。当主持节日的长者宣布节日开始，鼓声、铓锣声、钹声顿时交织成一片。青龙、白象也活跃起来，青龙时而摇头、时而摆尾、时而张嘴欢笑；白象时而甩动长长的鼻子，时而前进，时而后退，接着滑步、下跪、后仰、前倾，笨拙的憨态引起人们一阵阵哄笑。此时，姑娘小伙子们便围着青龙白象翩翩起舞。他们双脚跳跃挪动，身体像波浪般的起伏，边跳边蹲。此时，鼓乐齐鸣，龙舞、象跃，一片欢腾。阿昌族认为青龙白象是吉祥之物，通过“耍青龙白象”，表达对佛祖的尊敬和对未来幸福生活的向往。

三、医学的视角——养生性

民族体育文化健身性是其最基本的功能，是各民族生存和发展的需要。在远古时期，生产力水平低下，生存环境恶劣，人类出于生存的本

---

① 卢元镇：《中国体育文化纵横谈》，北京体育大学出版社 2005 年版，第 37 页。

能需要，人们在一些自然的身体活动中寻求调节和恢复体力的方法。在原始氏族社会，我们的祖先就已经掌握了简单的养生手段，随着人类对自然界和自身认识的不断加深，养生理论随着实践逐渐形成。由于各民族生活的自然环境、生产生活方式等各方面的差异，各民族形成了形式多样、风格独特的健身手段和方法。据史料记载，在我国的商代医疗运动已经系统化。中国先秦古籍《吕氏春秋》、《黄帝内经》等书记载了在远古时期，黄河流域洪水泛滥，很多人患上了风湿、水肿、关节炎等一类疾病，先民们在长期生活经验的基础上，总结出了“舞”、“导引”、“按”、“蹺”等运动和按摩的方法用来治疗疾患，以达到保健养生的目的。[①] 我国战国时期著名的《玉珌行气铭》，书中介绍的是小周天行气法和模仿动物的“熊经鸟伸”。[②] 为了矫正畸形，治疗消化、呼吸和循环系统的疾病，汉末医学家华佗创编了“五禽戏”。创造于公元前1世纪的印度的瑜伽术通过调节呼吸、配合静坐和多种肢体动作达到强健身心的目的。

四、人类学的视角——仪式性

从文化人类学的视角探讨民族体育文化，我们能够真正理解民族体育文化的内涵，了解其本质属性。民族体育文化不是纯粹的宗教仪式，但是宗教仪式是民族体育文化的主要来源之一，民族体育文化来源于民间信仰、地方风俗、民族伦理、民族艺术，等等，有的民族体育文化活动同时包括上述多种因素。仪式性是体育的重要本质特征之一，在民族体育文化当中表现得尤为突出。“仪式通常被界定为象征性的、表演性的、由文化传统所规定的一整套行为仪式。它既包括神圣活动亦包括凡俗的活动，常被功能性地解释为在特定群体或文化中沟通（人与神之间、人与人之间）、过渡（社会类别的、地域的、生命周期的）、强化

① 郝勤主编：《体育史》，人民体育出版社2006年版，第14页。

② 刘秉果：《中国古代体育简史》，上海古籍出版社2010年版，第22页。

秩序及整合社会的方式。”①

以台湾高山族的刺球为例，刺球是高山族排湾人的“五年祭”当中一项非常重要的活动。这是为了接受始祖灵（祖先）带来的农耕、狩猎、锄草等的幸福而举行的。“五年祭”是排湾人每五年聚集族人，共同祭祀祖灵的盛会仪式，通常是在粟谷收成后的七、八月间举行。祭前，主祭司率领精壮青年到竹林挑选竹子，砍下来制作刺球用的长枪。祭祀用的长枪称为“朱古亚特”，由大小两根或大中小三根竹子接合而成，末端削尖，锋利如剑，有些长达四五十尺。最长的长枪由头目来用，男祭司用的长枪称为“沙吉姆吉”（神的名字），非常短，上面缠着红布和铃。球称为“卡普隆”，长老在家用相思树皮或葛藤缠成，直径大约五寸，系上一条长长的藤绳，藤球制成后，老人还给它起名，有的用传统的作物（粟、芋等），有的用捕获的野兽（鹿、熊等），有的用家畜，有的用敌人或英雄的名字来命名，由一位德高望重的长老将“卡普隆”高高抛上天空，一边高声呐喊：“粟谷哟！”“山芋哟！”“熊哟！”每抛一次，喊一个象征吉祥的名字，青年们持竿竞相刺向抛落下来的藤球，刺中者表示承受从天而降的各种幸福，即被视为英雄，头目上前敬樽，观众纵情欢呼，刺中者退出赛场，没有刺中的人继续刺球，直到人人刺中目标，获得祖先及神明的庇佑，比赛方告结束。有些女祭司把刺球的长枪称为梯子，认为幸福会从天上沿着长枪降下来。

追溯刺球的宗教文化渊源，它来源于高山族灵魂崇拜中的敌灵崇拜。高山族的族群中，除个别族群外，都有猎头的习俗。当农作物成熟之前，部落首领率族中的勇猛之士，潜伏在林间草径，或到异族的村舍，猎取人头，用猎取的人头回村献祭。“原先猎首的目的，在于祈求丰年，后来发展到表达爱情，决断诉讼，或者比试勇武。他们深信，敌人的亡灵具有特殊的魔力，既能庇护本族人寿年丰，又有威慑、抵御甚至杀死异族外敌之力。”② 由于猎头是高山族特有的习俗，所以猎头往

① 李志清：《乡土中国的仪式性少数民族体育——以桂北侗乡抢花炮为个案的研究》，中国社会科学出版社2008年版，第17页。

② 许良国、曾思奇：《高山族风俗志》，中央民族学院出版社1988年版，第67页。

往是在不同部落或支派之间进行，结果引起被杀者血亲的报复，据历史记载：被杀的子嗣在服丧期满后，必出杀人，取首级祭奠自己的亲人。这种猎头的习俗，严重影响了高山族人口的增长。后来，随着与其他民族交往的日益增多，特别是一些有识之士的努力和清朝政府不断禁止，猎首陋习才逐渐地消失。但是，猎首的深层动因是祭祀神灵，以此祈祷来年五谷丰登、六畜兴旺，因此改用草、藤、竹编的球代之继续进行这项祭祀仪式。

从刺球这项民族体育活动项目的完整过程来分析，土著原始文化的内在历史动因、诉求和祈盼，通过体育活动的仪式充分展示出来。

第三节　民族体育文化的价值与功能

所谓体育文化的价值，就是参与构成社会生活、社会环境的体育文化，在人类自然发展过程中，作用于人类自身，形成具有一定高度和丰度的人类运动属性的特质。体育文化的价值在于它满足了人性发展的需要。[①] 所谓体育文化功能，是指在人类社会的文化模式系统内，体育文化要素与其他文化要素之间的相互关系，以及这些体育文化要素对文化模式整体所发挥的作用。[②] 体育文化的价值是以人为中心，所谓价值是相对于人而言，可以理解为体育文化在人类自身的发展过程中，与人形成一种必然互动的关系，它满足了人的某种生理和心理需要，成为人的一种生活方式，促进人的发展，使人对其产生一定的依赖性。

一、社会文化活动的重要内容

文化是一种社会现象，是构成社会的一个重要参数，在人类社会的发展过程中，从根本上影响和制约着人和社会的发展。文化的进步使得

---

①② 童昭岗、孙麒麟、周宁：《人文体育——体育演绎的文化》，中国海关出版社 2002 年版，第 143 页。

人类从野蛮到文明，从愚钝到开明，靠文化的教化促进了人的社会化。民族体育文化活动内容广泛，与诸多文化形式关系密切；它内容丰富、形式多样，涉及各民族、各区域人民的物质生活与精神生活的各个方面，与人们的思想、感情、道德、风尚、行为、习惯等息息相关。因此，民族体育文化具有文化的价值和功能，特别是民族体育文化的特点和活动形式，决定了其在社会文化活动当中的重要地位和作用，使其成为人类社会生活的重要活动内容。

蒙古族的“那达慕”体育盛会，有久远的历史。在蒙古族的社会文化生活中具有重要的地位和作用。据铭刻在石崖上的《成吉思汗石文》载，那达慕起源于蒙古汗国建立初期，早在公元1206年，成吉思汗被推举为蒙古大汗时，他为检阅自己的部队，维护和分配草场，每年7~8月间举行“大忽力革台”（大聚会），将各个部落的首领召集在一起，为表示团结友谊和祈庆丰收，都要举行那达慕。起初只举行射箭、赛马或摔跤的某一项比赛。到元、明时，射箭、赛马、摔跤比赛结合一起，成为固定形式。后来蒙古族人亦简称此三项运动为那达慕。今天，那达慕大会除了进行男子三项竞技外，还增加了马球、马术、田径、球类比赛、乌兰牧骑演出等新的内容，同时举行物资交流会和表彰先进。举行那达慕时，牧区方圆数百里的牧民穿起节日的盛装，骑着骏马或乘坐汽车、勒勒车络绎不绝地前来参观。那达慕大会期间帐篷林立，组织广泛的物资交流会，以促进生产。晚上还举行各种形式的文艺活动。那达慕大会以民族体育活动为主要内容，同时还有其他文化活动形式和经济活动交织其中，多种社会活动有机地融合在一起，促进了社会文化的繁荣与发展。

二、强身健体维系民族健康与生存

体育文化对人体身心健康的良好影响是毋庸置疑的，在人类自身的发展过程中，体育文化与人形成一种必然互动的关系，它满足了人的某种生理和心理需要，能够改变人类个体的生理环境、心理环境。民族体育文化与一个民族的其他文化形式有着密切的关系，渗透在各民族生活的方方面面，对各民族的社会生活影响更加广泛和深入。因此，民族体育文化对一个民族身心健康的影响是不可替代的，特别是在人们生活在相对封闭的时代，人们与外界的接触较少，加之医学的不发达，民族体育是人们强身健体的重要手段之一，很多民族体育项目与音乐、舞蹈完美结合，风格独特，动作优美、豪放，使人们在辛苦劳作后，心灵能够得到很好的放松。“斗牛舞”，水语称“斗贵”，或“兜刀”，即斗角、斗牛之意。常在祭祀、节庆和丧葬时演出，其动作表现了水族人斗牛时的一些场面。斗牛舞一般由五支芦笙、五支莽筒伴奏，一人吹着最小芦笙在前面领舞，这只小芦笙声音最高最响，被称为公芦笙，其他人也边奏边舞紧随其后。另外还有两人戴着道具“牛头”作半蹲式边斗边舞，五位头插雏尾、腰拴白鸡毛花裙子的姑娘和着节拍伴舞，其动作幅度大，有力度，如甩腰、顶胯、卷转、抖肩等动作，状如波涛，起伏翻卷，充分显示了水族人民热情奔放和粗犷豪爽的性格。这种舞在开春时便停止，将芦笙收藏；待稻秧拔节抽穗后，由舞队头领摘一穗稻子插在芦笙上，便可以开始跳此舞，意即让芦笙吹胀谷粒，用欢乐迎接当年的丰收。水族的“斗牛舞”是典型的集促进身心健康、祈福五谷丰登为一体的民族体育文化。

三、民族凝聚与认同的重要标志

文化是一个民族生命力、创造力和凝聚力的源泉；是一个国家、一个民族赖以生存和发展的精神支柱和灵魂，任何民族的进步，都离不开传统文化的维系。如余英时所言：“文化虽然永远在不断变动之中，但是事实上却没有任何一个民族可以一旦尽弃其文化传统而重新开始”。克拉孔（Clydekluckhohn）曾指出，一个社会要想从它以往的文化中完全解脱出来是根本不可想象的事。离开文化传统的基础而求变求新，其结果必然招致悲剧。

文化认同（cultural identity）意指个体对于所属文化以及文化群体内化并产生归属感，从而获得、保持与创新自身文化的社会心理过程。文化认同的核心是对一个民族的基本价值的认同；是凝聚这个民族共同体的精神纽带，是这个民族共同体生命延续的精神基础。因而，文化认同是民族认同、国家认同的重要基础，而且是最深层的基础。

人类都对自己的族群有一个特别的认同感，不仅是出于自身与族群之间所具有的血缘上的联系，而且在于自己与族群之间所具有的文化上的依附性。文化是一个包含多层次、多方面内容的统一体系。文化认同和民族认同不同，民族认同源于一种命运共同体的感觉，是一种现实利益的认同，是一种血肉相连的情感。文化认同则是拥有共同的文化，是一种观念思想的认同，二者有着不同的界域。但是，文化认同又往往构成民族认同的内核。文化认同之所以成为民族认同的根据，是因为民族文化中的某些符号成了民族认同的象征。当某种符号的象征意义代表一个民族，这种符号系统便和这个民族的形象联系在一起，民族体育文化就是这样的文化符号。

各民族凝聚力是通过其共同的思维方式、价值观念、生活习惯、行为方式实现的。民族体育文化具有很强的社会性和民族性，民族体育文化包含着各民族共同的文化、共同的地域以及共同的生活方式、价值观念和审美情趣，因此具有民族凝聚的功能。民族体育文化的凝聚功能主要产生于民族体育文化的精神层面，由此而产生的凝聚是最深层的，也是比较稳定的。民族体育文化来源于各族人民的生活与实践，因此具有其广泛性与朴素性，更容易得到人们的认同，它体现了人类普通价值、对真善美的追求。

射箭过去是游猎和游牧民主要的生产、生活和军事斗争的主要工具和武器，而在生产力发展的今天，射箭已成为一项纯粹的竞技体育项目，它的原始蕴涵逐渐被置换和遮蔽，但是它所体现的文化精神还继续存在。如锡伯族，早在公元5世纪的南北朝时，他们的祖先鲜卑部落就提弓搭箭飞马扬鞭，驰骋于呼伦贝尔、绰尔河、松花江、嫩江一带，以打猎、捕鱼为生。18世纪中叶，清政府为了巩固和充实西北边防，就将锡伯族的一部分迁往新疆，后移驻伊犁河南岸，锡伯族的弓箭为保卫祖国边疆，抵御英、俄侵扰，夷平张格尔、阿古伯之乱做出了巨大贡献。射箭成为锡伯族打猎捕鱼，赖以生存的主要工具，而且还是他们抵御敌人的武器。谁家出生一个男孩，都要在门口用红丝线悬挂一张小弓箭，希望孩子长大成人后成为弓马娴熟的勇士。现在每逢农历的四月十八日迁移节，锡伯族人各村之间相约举行射箭比赛，虽然现在射箭已失去了原来的生产、生活和军事斗争的功能，但是这项运动能够保留至今，成为强身健体，具有娱乐性、竞技性和观赏性的运动项目，成为锡伯族增强民族凝聚力及民族认同的重要标志，有其深刻的历史渊源与文化传承价值。

四、人格塑造的重要途径

中国的民族学界认为："文化是人们在体力劳动和脑力劳动过程中所创造出来的一切财富，包括物质文化和精神文化，以及人们所具有的各种生产技能、社会经验、知识、风俗习惯等。"① "文化是人类创造的，同时，文化又陶冶和塑造了人类本身。"② 因此，文化影响着人的思维、观念、心理、性格和行为。"教育是人类社会特有的一种文化现象，教育起源于生产劳动实践。"③ 通过人类学、民族学大量的研究资料表明：人类社会的初期，人类对自然环境的认识极为有限，面对变幻莫测的大自然，人类的生活极为艰难；为了繁衍生息，人类需要把生产生活的知识和技能传授给下一代。言传身教，口头知识的代代传授，使劳动生产经验的积累日益增多，以肢体运动为主的集体传习活动，掌握生产生活的技能。随着社会生产力的发展，人类的思维逐渐有了抽象概括能力，人类精神世界的活动随之渐渐丰富起来，开始了最初的对自然物和自然现象的崇拜。对神灵、祖先的崇拜需要举行特定的仪式表现出来，以达到娱神、慰神的目的。一些宗教活动仪式，既达到了宗教活动的目的，同时仪式的参与者进行了自愿的身体活动和练习，体现宗教仪式活动的双重性，既慰神又娱人。在宗教活动仪式中需要学会遵守规则、学习礼仪、同伴之间互助与容忍、竞争的目的性与活动过程的教育

---

① 林耀华主编：《民族学通论》，中央民族大学出版社 1997 年版，第 384 页。
② 林耀华主编：《民族学通论》，中央民族大学出版社 1997 年版，第 399 页。
③ 林耀华主编：《民族学通论》，中央民族大学出版社 1997 年版，第 439 页。

性等内容，在人的心理品质与人格塑造方面起到重要的作用。

很多民族体育活动源自人类对生产生活技能的传授和宗教仪式活动，因此，民族体育文化在规范人们的思想道德意识、群体生活方式和价值取向等方面具有积极的意义，对人格的塑造起到了其他文化形式不可替代的作用。

五、族际交往的桥梁

在解决人类的生存和发展的问题上民族体育文化起到了重要的作用。在生产力低下、人们对自然环境的认识还处于懵懂状态的时代，人类是不能够独立生存的，人们只有通过集体的力量才能够生存和发展。人们在一起采集、狩猎、游牧、耕种，相互依存，共同发展，通过生产生活等社会实践活动，传递信息、沟通思想。作为综合多种文化因素的民族体育文化，以其所具有的娱乐性、竞技性、健身性成为族群成员之间、族群之间交往的工具和桥梁。很多民族体育活动是以一种集会的形式呈现，表现出很强的凝聚、聚合和交往的功能。在采集、狩猎季节开始前或结束后，为了祈求丰收或表达收获的喜悦，族人聚集在一起，通过对一些社会实践活动的模仿，期望达到心中的期盼。

贵州省黔东南施秉县和台江县的独木龙舟是居住在清水江及其支流巴拉河畔沿岸的苗族各支系共有的民族体育文化活动。每年农历的五月二十四至二十七日，以台江施洞镇为中心，上起施秉平寨，下至清水江的平兆场和巴拉河的榕山村等五六十个村寨，身着盛装的苗家男子，会聚于清水江畔参加划龙舟比赛，同时伴有斗牛、斗鸟、芦笙、赛马等活动，以此祈愿风调雨顺、五谷丰登。从独木龙舟下水、接龙（游到其他村寨码头有亲戚的就来迎接他们的亲友龙舟）到竞赛都有传统的仪式和严格的规定。在这些仪式中，每一具体过程和细节都有严格的要求和禁忌，不得违反，否则就是对祖先的不恭，得不到其神灵的保佑。苗族同胞认为龙舟活动是本民族文化的重要组成部分，对节庆活动中传统龙舟活动具有高度的认同感。改革开放以后，很多苗族中青年外出务工。但是，在节日期间“寨老”和“鼓头”号召他们回乡参加龙舟比赛。在独木龙舟节里有龙舟竞技、走亲访友、民族歌舞、宗教活动、节日娱乐、商业活动等众多民俗活动内容。苗族的独木龙舟节是居住在贵州省黔东南施秉县和台江县的清水江及其支流巴拉河畔沿岸的苗族同胞每年最重要的节日，是苗族各支系交流的重要平台和桥梁。

很多民族体育项目是各民族共有的和十分喜爱的活动，如赛马、射箭、摔跤等，这就为民族之间产生共同语言，提供了互相交流、相互切磋的机会。虽然在活动中各民族根据不同生活习俗和环境代表着不同的精神寄托和文化意境，但有一点是共通的，那就是活动参与过程中都能感受到群体凝聚在一起的力量，产生一种归附群体的情感，人们会在合作中相互理解、彼此帮助、消除隔阂，利于族群、社会的稳定。

六、文化传承的重要手段

民族体育文化综合了多种民族社会文化因素，因此它反映出一个民族的历史、文化、风俗习惯、民族精神、道德规范等因素。特别是在没有产生文字之前，民族体育作为一种以身体活动为主要内容的文化形式将其积淀的各种民族文化因子传承下来，承担了文化载体的功能。同时经过不同时代的发展，其核心和主旨保持沿袭的内涵和固定的仪式，并在变异过程中有所遵循，保持着与传统文化的继承关系。如傣族的民间体育活动“堆沙”则记录了傣族宗教信仰的历史。傣族的堆沙据说有1600多年的历史，它的产生兴起和发展与小乘佛教传播、兴盛和发展有着密切的关系。堆沙主要在每年的泼水节进行。届时，男女老少清早便沐浴更衣，来到寺庙赕佛，在寺院中用沙堆成三、五座宝塔，高约3～4尺，塔尖插几根缠着彩色纸条的竹枝，然后围塔而坐，聆听佛爷诵佛经和讲述历史传说。在没有文字记载的当时，口传心授起到了不可磨灭的文化传承作用。

参考文献

1. 中国社会科学院语言研究所词典编辑室编：《现代汉语词典》，商务印书馆2008年版。

2. 童昭岗、孙麒麟、周宁：《人文体育——体育演绎的文化》，中国海关出版社2002版。

3. 饶远、刘竹：《中国少数民族体育文化通论》，人民出版社2009年版。

4. 易剑东：《体育文化学》，北京体育大学出版社2006年版。

5. 〔美〕卢克·拉斯特（Luke Lassiter）著，王媛、徐默译：《人类学的邀请》，北京大学出版社2008年版。

6. 卢元镇：《中国体育文化纵横谈》，北京体育大学出版社2005年版。

7. 郝勤主编：《体育史》，人民体育出版社2006年版。

8. 刘秉果：《中国古代体育简史》，上海古籍出版社2010年版。

9. 李志清：《乡土中国的仪式性少数民族体育——以桂北侗乡抢花炮为个案的研究》，中国社会科学出版社2008年版。

10. 许良国、曾思奇：《高山族风俗志》，中央民族学院出版社1988年版。

11. 林耀华主编：《民族学通论》，中央民族大学出版社1997年版。

第二章　世界民族体育文化概况

第一节　世界民族概况

一、世界民族的形成与发展

（一）民族的定义

民族是一个历史范畴，有其发生、发展和消亡的过程。关于“民族”，中外研究者甚多，而且是争议比较多的一个概念，国外至今没有统一的认识，中国学术界的理解也不尽相同。有的学者认为对民族的界定主要有主观和客观两种倾向。主观概念比较具有代表性的就是本尼迪克特·安德森：“民族，它是一种想象的共同体——并且，它是被想象为本质上有限的，同时也享有主权的共同体。”[①] 而斯大林在 1912 至 1913 年间，先后在克拉科夫和维也纳全面研究了民族问题，在《马克思主义和民族问题》一书中根据马克思和恩格斯关于民族问题的理论，完整、系统地将民族定义为“民族是人们在历史上形成的一个有共同语言、共同地域、共同经济生活以及表现在共同文化上的共同心理素质的稳定的共同体”。[②] 斯大林对民族的定义有判断标准、清晰的边界，因此是具有客观性的定义。客观的标准更容易对民族界定和判断，但是

---

① 〔美〕本尼迪克特·安德森著，吴叡人译：《想象的共同体：民族主义的起源和散布》，上海人民出版社 2005 年版，第 6 页。

② 林耀华主编：《民族学通论》，中央民族大学出版社 1997 年版，第 103 页。

客观的定义并不能完全包括民族的含义。因此，“民族是一个主客观兼备的人类共同体”，[1] 民族有“客观”的特质，这些特质可能包括地域、语言、宗教、外貌特征或共同祖先，也包括“主观”的特质，特别是人们对其民族性认知和感情。

（二）民族的形成与发展

民族并不是一有人类就有的，而是在人类社会发展到一定阶段才产生的。“民族的形成过程是指在人类历史中民族发展所经历的阶段。”[2] 人类最早的社会集团是原始群，随着生产力的发展和生产的需要，才结成稳定的集体——氏族。氏族人口的不断增加，不断地分裂出新的氏族。当时，最现实、最方便的纽带是血缘关系，几个亲属氏族又结合成部落。在同一氏族、部落中，人们都有血缘关系，有同一祖先。人类社会的两次大分工破坏了氏族、部落赖以存在的基础和前提，人类社会的第一次社会大分工，即游牧部落从其他野蛮人中分离出来，从而使社会发生了重大变化；第二次社会大分工，即手工业和农业的分离，生产分为手工业和农业两大部门。这两次社会大分工，使得私有财产和商业得到发展、奴隶增加、外来人流入、本氏族部落人员外迁等，使氏族、部落到处出现杂居的现象。两次社会大分工破坏了氏族部落内部的血缘关系，在更大规模上以地缘关系结合成规模更大的共同体——民族。因为，由于生产和交换的发展，产生了交换和市场，人们彼此间的经济生活日益密切，来往越来越频繁，使人们有了共同的生产方式，为民族的形成奠定了经济基础；由于要进行商品交换，原来的部落语言已经无法满足人们交往和从事经济活动的需要，需要一种大家都能够听得懂的语言顺利地进行这些社会活动，这样就逐渐形成了一种新的共同的语言，这为民族的形成创造了语言基础；由于人口的增加及生产和经济利益的要求、占有财富和保护财富的要求，使得有这些利益关系的人们更加紧密地团结起来，于是几个关系密切的部落融合为一个整体，各部落原有

① 高永久：《世界民族综论》，南开大学出版社 2011 年版，第 3 页。
② 高永久：《世界民族综论》，南开大学出版社 2011 年版，第 8 页。

的地域，融合为一个民族的领土，这就为民族的形成提供了地域条件。有了共同的语言、共同的地域、共同的经济生活，作为经济基础反映出的共同文化，以及表现在这种文化特点上的共同心理认同，于是民族共同体就逐渐形成了。《世界民族综论》一书认为：民族共同体的形成分为三个阶段。“第一阶段是氏族、部落（部落联盟）阶段，在这个阶段，氏族已经具备了成为民族的各种核心要素”，此阶段称之为原始民族。“第二阶段是国家形成之后到近代这一阶段。在这一阶段，氏族、部落发展成为国家，原始社会中所具有的浓厚的血缘关系被打破，人类开始以地域为基础在更广阔的范围内整合”，在这个阶段形成的民族称之为古代民族。“第三阶段是现代民族形成阶段，现代民族的主要特征是在民族国家构建过程体现出来的，现代民族应是在政治、经济、文化方面与近现代社会的发展相适应的一种民族发展形式。”①

初始民族是原始社会向阶级社会的过渡时期形成的，但是这不意味着所有的民族都是在这个时期产生的，也不意味着从此以后不再产生新的民族，只是说人类划分民族现象是从那个时期开始，在以后的历史时期还曾经形成过许多民族，例如我国的回族就是在封建时期形成的，北美国家的一些民族是在资本主义上升时期形成的。民族并非形成就不再发展变化了，相反，民族从它产生开始就不断发展变化。但是，民族的发展变化是受社会发展制约的。与社会发展相对应，民族经过原始社会、奴隶社会、封建社会、资本主义社会和社会主义社会等几种社会形态的变革，从原始民族发展到现代民族。在这一过程中，民族不是一成不变的，由于人口的迁徙、殖民侵略、民族的整合、民族的同化等因素，使得一些民族消失了，或者由一个或几个民族中分化出来一部分人，长期生活在一起而逐步形成为一个新的民族。从世界民族统计资料来看，随着全球人口的持续增长，民族的总体数目呈现下降的趋势。在民族、文化融合愈益加快的形势下，小民族的数目逐渐减少；若干个小民族聚合为一些大民族，而大民族的数目则在日渐增多。

① 高永久：《世界民族综论》，南开大学出版社 2011 年版，第 10 页。

二、世界五大洲民族简介

全世界共有70亿人口，有近200个国家和地区，有2000多个到3000多个民族群体。这些民族的社会、经济、文化分别处于各个不同的发展阶段上。其中，有人口一亿以上的民族，也有不足千人的民族。中国汉族是世界上人口最多的民族，拥有12亿人口，印度安达曼岛上的大安达曼人口只有几十人，是世界上人口最少的民族之一，人口超过百万的民族约有300多个，这些民族的总人口占到了世界人口的96%左右。

（一）亚洲民族简介

亚洲是亚细亚的简称。“Asia”（亚细亚）一词源于古代西亚等地闪米特人的词汇，意思是“太阳升起的地方”。亚洲大部分地区位于东半球和北半球，东至楚科奇半岛的杰日尼奥夫角，南至马来半岛的皮艾角，西至安纳托利亚高原的巴巴角，北至泰梅尔半岛的切柳斯金角。亚洲与非洲的分界线为苏伊士运河，亚洲与欧洲的分界线为乌拉尔山脉、乌拉尔河、高加索山脉、里海和黑海。亚洲的陆地面积为4400万平方公里，约占全球陆地总面积的29.5%。①

亚洲面积最大，是人口最多的一个洲，亚洲各民族人口目前约35.11亿人，约占世界人口的60%。亚洲地区约有1000多个民族，世界民族将近一半都分布在亚洲，他们在种族、语言、宗教、经济和文化生活上各有自己的特点。除朝鲜、韩国、蒙古国、孟加拉国和部分阿拉伯国家外，大多数是典型的多民族国家。

就种族而言，三大人种在亚洲都有分布。其中，蒙古利亚人种占亚洲人口的50%以上，主要分布在东亚和东南亚。其次属欧罗巴人种，占亚洲人口近三分之一，主要分布在西亚、南亚和中亚地区。属尼格罗人种与欧罗巴人种混合类型的民族，占亚洲人口的近百分之十，分布于

---

① 高永久：《世界民族综论》，南开大学出版社2011年版，第38—39页。

印度南部以及阿拉伯半岛的沿海地区。在亚洲还有许多混合种族类型，例如，在东南亚居民中还可以见到维达、美拉尼西亚和尼格利陀等种族类型，在中亚有蒙古利亚人种与欧罗巴人种的混合类型。

从语言谱系看，亚洲民族的语言非常复杂。使用汉藏语系的民族占亚洲人口的一半以上，汉藏语系下又分为四个语族，即汉语、藏缅语、壮侗语、苗瑶语，主要分布在亚洲东部和东南部，包括中国、缅甸、泰国、老挝、不丹、新加坡、印度东北部等地。印欧语系在亚洲有两个语族，即印度语族和伊朗语族，主要分布在伊朗和南亚地区，使用印度语的民族几乎都分布在南亚地区，使用伊朗语的民族主要分布在伊朗和阿富汗。使用阿尔泰语系各语族（突厥语族、蒙古语族和满—通古斯语族）的民族广泛分布在中亚、东北亚和西亚地区，使用突厥语民族主要分布于中国西北，以及阿富汗、伊朗和土耳其，其中主要有维吾尔、乌孜别克、阿塞拜疆、土耳其等民族。使用蒙古语的民族有蒙古人，使用满—通古斯语的民族有满族、鄂温克族等。南岛语系，使用该语系的民族主要分布在东南亚，主要在中南半岛、印度尼西亚和菲律宾，其中主要有马来、爪哇、巽他、都拉、他加禄和比萨扬等民族。在西亚，属于闪含语系的主要是阿拉伯各民族。使用达罗毗荼语系的民族比较集中分布在南亚，分布于印度中部、南部及斯里兰卡北部。南亚语系包括孟高棉和蒙达等语族，使用孟高棉语的民族，分布于中南半岛、马来半岛、中国西南地区，使用蒙达语的民族，主要居住在印度中部山区。

（二）非洲民族简介

非洲东濒印度洋，西临大西洋，北隔地中海与欧洲相望，东北角以苏伊士运河为与亚洲的分界线。非洲位于欧洲的正南方，相距最近的直布罗陀海峡最窄处仅 13 公里，非洲与亚洲原本并无地理上的阻隔，这种地理特征为亚洲、欧洲、非洲各民族的相互交流提供了便利。非洲共有 54 个国家和 7 个地区，可以划分为北非、东非、中非、西非和南非五个部分。一般来讲，东非、中非、西非合称为中部非洲，它们在民族文化、民族政治和民族关系方面具有一定的共性。①

按地理面积，非洲是世界第二大洲，占全球的面积五分之一。2008年年底，非洲人口达9.27亿，居世界第二，非洲也是世界上民族成分最复杂的地区。

就种族而言，在非洲三大种族都有分布。尼格罗—澳大利亚人种（也称“赤道人种”或“黑色人种”）在非洲所占比例最大，约占非洲人口的三分之二，主要分布在撒哈拉沙漠和埃塞俄比亚高原以南，尼格罗—澳大利亚人种又分为三个亚种类型，即尼格罗人、尼格利罗人和科伊桑人。属于欧罗巴人种的居民，主要居住在北非、尼罗河流域，包括阿拉伯人、柏柏尔人和阿非利坎人。蒙古利亚人种，则是分布在马达加斯加岛的马尔加什人。黑白混血人种，分布在非洲之角以及东非的部分地区，主要聚居在埃塞俄比亚、索马里和吉布提。

非洲民族的语言分属5个语系：尼日尔—科尔多凡、尼罗—撒哈拉、班图、科伊桑和闪含。在撒哈拉以南，广泛分布着尼日尔—科尔多凡语系的各族居民，约占非洲人口的一半，这一语系包括两个语族，科尔多瓦语族和尼日尔—刚果语族。尼罗—撒哈拉语系，包括桑海语族、撒哈拉语族、沙里—尼罗语族、马巴语族、富尔语族和科马语族，这一语系的居民主要分布在中苏丹和东苏丹地区以及乍得、埃塞俄比亚等国，人口较少。使用班图语系的民族主要分布在赤道非洲以及南部非洲各国，主要包括班图人等。使用科伊桑语系诸语言的是布须曼人和霍屯督人以及非洲南部其他非班图人，生活在西南非洲的半沙漠地带，使用该语系的民族多为非洲古老的民族，科伊桑语系分为霍屯督和布须曼两个语族。闪含语系各族主要分布在北非、东北非以及西非地区，分属5个语族：闪米特语族、柏柏尔语族、埃及—科普特语族、库施特语族和乍得语族。另外在非洲还有使用南岛语系印度尼西亚语族和印欧语系的民族。

① 高永久：《世界民族综论》，南开大学出版社2011年版，第146页。

（三）欧洲民族简介

欧洲位于欧亚大陆的西北部。综合地理、文化、语言、政治等因素，可以讲欧洲划分为西欧、东欧和原苏联大部分地区，每个地区都具有一定的共性，体现出了地区特色。欧洲是欧罗巴洲（Europe）的简称。“欧罗巴”最初来自闪米特语的“伊利布”一词，古代亚述人称之为“欧罗布”，意思是“日落的地方”或“西方的土地”。它位于亚欧大陆的西北部，北邻北冰洋，西濒太平洋，东部以乌拉尔山脉、乌拉尔河、里海、高加索山脉、博斯普鲁斯海峡、马尔马拉海、达达尼尔海峡与亚洲为界，南部隔着地中海与非洲相望，西北隔格陵兰海、丹麦海峡与美洲相望。欧洲三面环海，海上交通对于欧洲具有重要意义。从人类文明的历史角度来看，欧洲文明的产生，欧洲各民族的特点与这一特殊的地理环境密不可分。①

欧洲共有 47 个国家和地区，是世界第六大洲。欧洲是最早形成近代民族的地区，大多数民族都是在各自民族国家的范围内形成的，民族分布区域国界大体一致或接近。在民族分布交界的地区，民族成分比较混杂。因此，大部分国家仍然存在多种民族成分，最为特殊的是俄罗斯，国内有 100 多个民族。欧洲现有 160 多个民族，人口约 7.3 亿，约占全球人口的 12.8%。其中，人口上百万的民族有 50 个，其人口总和约占全洲人口的 96% 以上。人口上千万的民族共有 13 个，分别是德意志人、意大利人、英格兰人、法兰西人、乌克兰人、波兰人、西班牙人、罗马尼亚人、匈牙利人、葡萄牙人、荷兰人、希腊人和捷克人。人口上亿的民族只有一个，即俄罗斯民族。

就种族而言，欧洲的种族结构比较单一，绝大部分是欧罗巴人种。欧洲的欧罗巴人种分为南北两支的各种不同类型：大西洋—波罗的海类型、北海—波罗的海类型、地中海类型和巴尔干—高加索类型以及一种被称为中间类型及过渡类型。大西洋—波罗的海类型，主要分布在欧洲的北部和西部地区，包括日耳曼语族各民族；北海—波罗的海类型，主

① 高永久：《世界民族综论》，南开大学出版社 2011 年版，第 95—96 页。

要分布在欧洲的东北部，主要包括北方的俄罗斯人、白俄罗斯人、立陶宛人等；地中海类型，分布在欧洲的西南部，主要包括西班牙人、意大利人、南部法兰西人等；巴尔干—高加索类型，分布在中南欧地区，主要包括原南斯拉夫地区的民族和高加索地区的民族；中间类型及过渡类型，分布在中欧和东欧地区，主要包括奥地利人、捷克人、匈牙利人、南部德国人等。

从语言谱系看，欧洲民族使用的语言分属5个语系：印欧语系、高加索语系、乌拉尔语系、阿尔泰语系和闪含语系。印欧语系包括日耳曼语族、斯拉夫语族和罗曼语族，使用印欧语系的民族在欧洲占多数。分布在欧亚交接的内外高加索地区的卡巴尔达人、切尔克斯人、阿尔布哈兹人、车臣人、印古什人和达吉斯坦人和俄罗斯中西部的一些民族使用高加索语系诸语言。主要分布在匈牙利和邻近的塞尔维亚、罗马尼亚、斯洛伐克的匈牙利人和主要生活在波罗的海沿岸和科拉半岛的芬兰人、爱沙尼亚人和萨米人使用乌拉尔语系的诸语言。分布在俄罗斯的内高加索地区、伏尔加河中游的南乌拉尔地区、摩尔多瓦南部以及伏尔加河东岸和里海北海的草原地带的加告兹人和卡尔梅克人等使用阿尔泰语系诸语言。居住在马耳他的马耳他人和相对集中分布在法国、英国、波兰、俄罗斯、乌克兰和白俄罗斯等国的犹太人使用闪含语系的诸语言。

（四）美洲民族简介

北美洲是美洲的一部分，西濒太平洋，东临大西洋，北邻北冰洋，南隔德雷克海峡与南极洲相望，土地面积为4057.3万平方公里，约占全球陆地总面积的16.2%（14951.9万平方公里）。[①] 从自然地理学的角度看，美洲可以分为北美洲和南美洲，二者以巴拿马运河为界。从人文地理学的角度来看，美洲可以分为北美洲和拉丁美洲，前者主要指美国和加拿大，后者则包括了墨西哥及其以南的整个美洲区域。

北美洲西隔太平洋与亚洲遥遥相望，东与欧洲被大西洋所隔，北临北冰洋而与欧亚大陆北岸相对，只有南面与拉丁美洲相连。这样的地理

---

① 高永久：《世界民族综论》，南开大学出版社2011年版，第194—195页。

位置造成了北美洲的相对隔绝，以至于直到15世纪地理大发现后才被纳入世界的版图。但是，北美洲在地理上并不是完全封闭的。北美洲的阿拉斯加与欧亚大陆相隔不远，中间仅仅隔着86公里的白令海峡，还有北面的北冰洋，由于常年冰冻，冰面就成了北美洲与欧亚大陆相连的通道。正是通过这两条途径，亚洲和欧洲大陆上的早期居民在很早的时候就到达了北美大陆，形成了北美的原住民——印第安人与因纽特人。

拉丁美洲是一个地理概念，严格地讲，这一地区应称为“拉丁美洲及加勒比地区”，包括墨西哥、中美洲、南美洲以及西印度群岛四部分，共有33个国家和若干未独立的地区。这一地区的历史、语言、宗教、习俗等深受西班牙、葡萄牙等国影响，带有明显的拉丁色彩。因此，人们在习惯上将其称为拉丁美洲。[①]

美洲的人口现约为7.74亿，约占全球人口的13.56%。美洲大多数国家是多民族国家，主要是由欧洲裔白人、非洲裔黑人、印第安人和亚洲裔移民组成。美洲的民族除印第安各族外，多是近代才形成的，美洲现有大小民族400多个，其中人口上亿的民族有2个：即美利坚人和巴西人；人口在千万以上的民族有9个，包括：墨西哥人、哥伦比亚人、阿根廷人、委内瑞拉人、克丘亚人、秘鲁人、智利人、古巴人和英裔加拿大人。百万以上的民族有40个，占美洲人口的90%左右，其中人数最多的民族是美利坚人、巴西人、墨西哥人、哥伦比亚人、阿根廷人、克丘亚人、委内瑞拉人、古巴人等。美洲的民族除印第安各族外，多是近代才形成的。从15世纪末开始，欧洲移民陆续迁入，使美洲的民族构成发生了巨大变化，除了属于蒙古人种的印第安人和因纽特人，还有属于欧罗巴人种的欧洲移民，属于尼格罗人种的非洲“黑奴”后裔，以及不同种族互相通婚而形成的混合人种类型。从16世纪开始，经过近500年的重新组合，在美洲形成了一系列使用印欧语的新兴民族。他们全是混血民族，只是在不同地区混入的种族成分有所不同：如阿根廷人和乌拉圭人以白人血统为主；海地人和牙买加人以黑人血统为主；巴拉圭人和秘鲁人以印第安人血统为主。美洲大多数国家是多民族国家。

---

① 高永久：《世界民族综论》，南开大学出版社2011年版，第241页。

世界三大种族在美洲都有分布。欧罗巴人种是在地理大发现之后从欧洲迁徙到美洲的，在北美以盎格鲁—撒克逊人为主，在拉丁美洲则以西班牙和葡萄牙为主。蒙古利亚人种，据研究者考证其祖先是从亚洲迁徙到美洲的，曾广泛分布于美洲各个地区。尼格罗—澳大利亚人种主要是因奴隶贸易被贩卖到美洲的。

从语言谱系看，美洲主要包括印欧语系和印第安语系。印欧语系包括日耳曼语族和罗曼语族，罗曼语族主要包括西班牙语、葡萄牙语和法语，日耳曼语族主要包括英语和荷兰语。

（五）大洋洲民族简介

大洋洲的范围有狭义和广义两种说法。狭义仅指太平洋三大岛群，即波利尼西亚、密克罗西尼亚和美拉尼西亚三大岛群；广义则除三大岛群外，还包括澳大利亚、新西兰和新几内亚岛，共约2万多个岛屿。这个洲的最大特点是处于海洋世界之中，水域广阔而陆地较少。在太平洋将近1.8亿平方公里的辽阔水面上，大洋洲的陆地面积仅占其中的1/20，而这些陆地99%分布在太平洋的西南面，大洋洲的陆地面积约897万平方公里，约占世界陆地面积的6%，是世界上陆地面积最小的一个洲。①

大洋洲受其隔绝的地理位置和独特的生态环境所限，未能成为人类文明的发源地。考古证明，直到旧石器之后这里才逐渐出现人类生活的痕迹。大洋洲与其他各洲的距离都非常遥远，只是在西北方向通过一系列断断续续的岛屿，与亚洲大陆保持着联系。大洋洲的土著居民，正是在不同的历史时期从这些岛群断断续续地迁移过去的。“据推测，人类在大洋洲这片广大区域定居发生在两个大的迁移阶段，正是在第一个阶段，大约5万年前，人类开始占有澳大利亚和新几内亚。”②

16世纪之后，欧洲人开始进入大洋洲，随后其他大洲的移民也逐渐进入大洋洲，大洋洲尽管人口不多，但种族结构比较复杂，从种族构

---

① 高永久：《世界民族综论》，南开大学出版社2011年版，第275页。

② 高永久：《世界民族综论》，南开大学出版社2011年版，第276页。

成上看，现已包括了世界三大人种。

大洋洲的外来居民中，主要是欧美移民，在种族成分上他们都属于欧罗巴人种。亚洲移民在大洋洲的人口中所占比重不大（约5%），其中包括有印度人、土耳其人等属于欧罗巴人种南支，中国人、菲律宾人等，则属于蒙古利亚人种。

当地的土著居民大多数属于澳大利亚人种。澳大利亚人种又称棕色人种，一些研究者将其视为与欧罗巴人种、尼格罗人种、蒙古利亚人种并列的一个人种，但学术界通常将澳大利亚人种（棕色人种）划分为尼格罗人种（黑色人种）的一个分支，称为澳大利亚亚种。[①] 大部分的澳大利亚土著居民属于澳大利亚人种。

从语言谱系上看，大洋洲绝大多数外来民族属于印欧语系，还有一些外来民族使用汉藏语系、闪含语系、乌拉尔语系、南亚语系、阿尔泰语系的语言。大洋洲各土著民族，其语言多属南岛语系的波利尼西亚、美拉尼西亚和密克罗尼西亚3大语族，少数属澳大利亚诸语和巴布亚诸语。

大洋洲由澳大利亚大陆和一系列海岛组成，独特的地理环境造成了其特殊的民族分布状况。目前，大洋洲主要以外来民族和土著民族为主，外来民族主要是英裔澳大利亚人和英裔新西兰人；由土著居民构成的民族人口不多，主要分布在太平洋的海岛之上，形成了自身独特的民族文化，他们丰富的文化和悠久的历史为大洋洲增添了无穷的魅力。

大洋洲约有100多个大小民族，人口2800多万，约占全球人口的0.5%。全洲人口上千万的民族只有英裔澳大利亚人；人口上百万的只有新西兰人。其他民族的人口都很少。

当今住在大洋洲的居民，主要是欧洲、美洲和亚洲的移民及其后裔，约占该地区人口的三分之二强。澳大利亚土著居民主要居住在西澳大利亚州、昆士兰州和澳北区，部分居民被驱入荒漠和各保留地内。巴布亚各族分布在新几内亚岛及附近岛屿。波利尼西亚各族分布于太平洋

---

① 宁骚：《民族与国家——民族关系与民族政策的国际比较》，北京大学出版社1995年版，第7—8页。

东部，主要有夏威夷人、汤加人、塔希提人和萨摩亚人以及新西兰的毛利人等。美拉尼西亚各族主要分布于西自新几内亚东南至斐济的广大地区，主要有斐济人、所罗门人、瓦努阿图人和新喀里多尼亚人等。密克罗尼西亚各族分布于大洋洲北部，包括瑙鲁人、查莫罗人、加罗林人、马绍尔人和吉尔伯特人等。现今澳大利亚和新西兰的绝大多数居民是英格兰、爱尔兰和苏格兰移民及其后裔。夏威夷群岛的居民以美国和日本的移民及其后裔居多。斐济岛上几乎一半是印度移民的后裔。在新喀里多尼亚则有许多法兰西人以及他们与当地土著居民混血的后代。此外，在大洋洲还居住着一些华人、菲律宾人、爪哇人亚洲移民及其后裔。

第二节　五彩缤纷的五大洲民族体育文化

一、亚洲地区的民族体育文化概况

亚洲幅员辽阔，人口众多。由于各民族的经济发展水平各异，政治形态不同，宗教信仰、文化习俗也各具特色。亚洲有灿烂的传统文化，创造了东方文明，民族体育文化是其一个极为鲜明的象征。亚洲民族体育文化是亚洲文化的重要组成部分，它从内容到形式都富有东方体育文化的特征，亚洲各国民族体育运动的出现、发展和趋向成熟的过程也就是亚洲民族体育文化发展的过程。在此，我们将依据地理、文化、语言等因素将亚洲划分为五个区域并简述其民族体育文化。

（一）西亚民族体育文化

西亚主要指分布在亚洲西部的广大地区，主要包括伊朗高原、阿拉伯半岛、美索不达米亚平原、外高加索山区及小亚细亚半岛，有伊朗、土耳其、叙利亚、黎巴嫩、巴基斯坦、约旦、以色列、伊拉克、科威特、沙特阿拉伯、也门、阿曼、阿拉伯酋长国、卡塔尔、巴林、亚美尼亚、阿塞拜疆和格鲁吉亚等国家。该地区以阿拉伯国家为主，主要有阿拉伯文化、波斯文化和突厥文化，这三种文化都深受伊斯兰教的影响。

伊斯兰教帝国居欧亚大陆的中央，成为东西文化交流的桥梁。西欧的文艺复兴得益于阿拉伯文转译的古代希腊著作。古代西亚是人类最早的文明发祥地之一，位于西亚的两河流域曾孕育过古老的美索不达米亚文化、亚述文化和巴比伦文化，其中巴比伦文化最为辉煌，在西亚文化当中最具代表性。

在古代，两河流域地处交通的要冲，加之土地肥沃，在几千年的历史中有多个民族在此经历了接触、入侵、融合的过程。因此，这个地区的体育活动带有浓厚的军事色彩。公元前16—15世纪的赫梯王国，贵族少年被送到王宫，与王子一起学习使用弓箭、斧、剑、矛、短棍、驾驶战车、骑马、游泳等。在古巴比伦时期，新年期间举行祭祀太阳神的竞技运动会，竞技的主要内容是赛跑，胜者可以享受到抓住马缰把国王迎下战车的殊誉，据说对日后古希腊的祭祀竞技有直接影响。

公元7世纪前，生活在阿拉伯半岛沙漠的贝都因人，过着游牧生活。因此，狩猎、赛马、赛骆驼和摔跤是阿拉伯人传统体育活动。射箭、狩猎、球戏和棋类活动在古阿拉伯的上层社会盛行，最为流行的两种球类活动是类似现代曲棍球的棒球和一种用宽木板击球的游戏。为了战争的需要，阿拉伯青年必须学习和掌握射箭、击剑和投掷标枪。

与两河流域相邻的伊朗和中亚地区，古称波斯，曾创造过灿烂的古代波斯文化。波斯帝国极为重视对青少年的军事教育。7—16岁的贵族少年，都必须到各省的教馆学习摔跤、射箭、跑步和投枪，之后再到军中服役。

（二）南亚民族体育文化

南亚泛指喜马拉雅山以南的地域，有时包括东西部邻近的部分周边国家，北部靠喜马拉雅山脉，南部临印度洋，西部是阿拉伯湾，东部是孟加拉湾。南亚共有7个国家，即尼泊尔、不丹、印度、巴基斯坦、孟加拉国、斯里兰卡和马尔代夫。南亚既是世界四大文明之一的发源地，又是佛教、印度教的发源地，印度河与恒河流域是古代印度文明的发祥地。早在公元前2500年左右当地的达罗毗荼人就创造了具有奴隶制特征的哈拉巴文化，取代哈拉巴文化的是由西北方进入印度的过着游牧生活的雅利安人带来的新文化体系，这一文化是古典印度文化的起源。在这个时期首先产生了维护统治阶级利益的“种姓制度”和主张善恶有因果、人生有轮回的“婆罗门教”。这一历史时期是所谓的列国时期，因为佛教产生于这一时期，也常称为佛陀时期。列国时代的印度精神生活十分活跃，出现了许多哲学或宗教流派，其中影响最为久远的即是佛教和耆那教。因此，在奴隶制度形成过程中产生的“种姓制度”对印度古代体育的影响很大。所以，古代印度的体育具有鲜明的种姓等级规定。瑜伽术是婆罗门种姓的宗教修炼术，其中包含了多种呼吸术和健身术，通过长期的瑜伽活动，人们体会到了练习瑜伽对人的身心健康具有良好的作用，练习者可在忘我中求得身心平衡，进入无忧无虑的“涅槃”境界。射箭、击剑、骑术等军事武艺的练习，只有在古印度种姓制度中作为军事贵族阶层的刹帝利享有。历史上，印度多次受到来自中亚、西亚等地区民族和国家入侵，入侵的同时也带来了这些民族和地区的体育文化，如马球、马上游戏、摔跤等成为刹帝利种姓当中流行的体育活动。处于奴隶主阶层低下等级的吠舍不能修炼瑜伽术，不能从事军事武艺的练习，但可以进行舞蹈和一些游戏活动。

（三）东亚民族体育文化

东亚包括中国、日本、蒙古、朝鲜和韩国五国，是世界上人口最多的文化区。在历史上，中国的儒家思想及文化对日本、朝鲜影响颇大。公元6世纪起，日本大和政权开始积极倡导学习中国文化。韩国的社会结构和家族制度深受儒家文化的影响，如韩国的家族制度以“孝”为核心，从晚辈对长辈的态度上，就能体会到“孝”在韩国家族制度上的核心地位。纵观日本和朝鲜半岛文化发展的历程，是引进、消化、吸收中国和西方的文化，同时创建、发展固有文化。而蒙古国喀尔喀蒙古族的文化则表现出草原文化的特色，最初喀尔喀蒙古族信奉萨满教，在蒙古帝国时期藏传佛教传入蒙古，蒙古国文化由于历史的原因还深受俄罗斯文化的长期影响。

中国是世界文明古国之一，早在5000年前就已在黄河、长江、珠江等流域中繁衍了灿烂的华夏文化。在中国文化发展史中，古代体育经历了丰富的发展过程，孕育了丰富的内容。

中国体育经历了悠久的史前发展阶段，首先产生了与当时生产生活相适应的走、跑、跳、投、攀登、搏斗等各类运动技能及源自生命本能的游戏活动；在旧石器时代中晚期出现了石球，这些狩猎的工具，逐渐演化为一种游戏的器械，具有游戏性和娱乐性，是原始教育和游戏的重要手段，随后出现了比石球更为先进的狩猎工具——弓箭，射箭技术是原始社会男子的重要教育内容之一。由于军事斗争的需要，每个部落制造兵器，教民习武，摔跤、飞镖、棍棒等兵器和军事训练手段应运而生。不同民族举行的宗教活动，具有独特而复杂的仪式，在这些宗教仪式活动中，人们为了表达宗教信仰和崇拜，用身体的动作或技巧、能力和考验等方式，这其中含有类似体育活动的内容，我们现在的一些民族体育活动就是源于原始意义已被遮盖的宗教仪式。原始社会晚期，随着人们社会生活经验的不断积累，创造了健身舞蹈，通过肢体运动活动关节、宣畅气血、去除水湿之气，用于治病防病，增强体质。

中国在夏、商、周时期，十分重视体育。当时的名言是“国之大事，在祀与戎”，通过祭礼保佑宗族的兴旺发达，通过战争保卫国家的生存。因此当时的体育活动紧紧围绕着“祀”和“戎”这两项活动。《礼记·射义》当中明确规定：“射者，男子之事也”，男孩一出生在门上就要挂一张弓，表示弓箭是男子一生中不可缺少的东西。周朝的“礼射”按等级分为：“大射”、“宾射”、“燕射”和“乡射”，每一种射礼都有繁琐的礼仪。夏商时代就有了学校，到了西周时期，从中央王朝到各地区形成了较为完整的学校教育体系。“六艺”，即礼、乐、射、御、书、数是奴隶主贵族阶层子弟国学教育的内容，“六艺”当中一半的内容与体育有关。春秋末年，奴隶制度逐渐崩溃，大多数奴隶过上了自由民的生活，再加之部分人衣食饱暖，人们有了休闲娱乐和养生的需求。其中，蹴鞠就是城市贫民的体育娱乐活动之一。围棋创始于唐尧时代，到了春秋战国时期，围棋已较为定型并广泛开展。“养生”经夏、商、周三朝至春秋战国时期，逐渐形成了比较完整的思想、理论和方法体系，在战国时代已有了专门研究运动养生的“导引之士”。

秦汉时期，特别是两汉四百年是中国封建体制和中华文化的奠基时代，先秦的体育活动得到了继承和发展，又陆续产生了新的体育项目和活动，是中国古代体育发展的第一个高潮时期。《晋书·舆服志》记载："汉制，自天子至于百官，无不佩剑。"在汉代，剑术已经发展到很高的成就，射箭也是汉代强行推广的军事体育。汉代最基层的行政官员，要学习五种兵器，即弓、弩、戟、刀、剑。汉代军队重视兵器的使用本领，出现了"武艺"一词。汉代军事体育发展的最大特点是不但以军令的形式在军队中开展，而是寓军事练习于娱乐之中，以娱乐表演的形式在社会上开展，增强了军事意识，丰富了社会生活，同时也锻炼了民众的体质，因此也使得汉代的体育娱乐具有勇猛的色彩。在奴隶社会通过围猎锻炼军队的战斗能力，而到了汉代，皇帝提倡狩猎娱乐，甚至平民百姓都喜爱这项娱乐，狩猎的方式多种多样，但是最为值得一提的是汉代狩猎活动中徒手擒拿野兽，体现了当时民众健壮的体质、勇猛的精神和无惧无畏的自信心。角抵在秦朝时期就在宫廷和民间广泛地开展，西汉中期随着丝绸之路的开通，文化交流的增多，"角抵戏"也得到了较大发展。汉代的摔跤是以娱乐为主，到了东汉，随着角抵戏内容的不断增多，而称为"百戏"。汉代的导引养生也有了较大的发展，如出土的汉代《导引图》，图中共 44 个动作，分为四类，一类是模仿动物的徒手体操，第二类是持盘、棍、球、袋等物的器械操练，第三类是呼吸行气，第四类是意念集中。到了汉代末年名医华佗把这 44 个动作简化为虎、鹿、熊、猿、鸟"五禽戏"。

在两晋南北朝时期，北方少数民族靠骑兵南下，受中原文化的影响，弓箭的制作工艺更为精良，骑射的技术也越来越高超，而且北方的少数民族妇女也善骑射。在骑兵技战术日益提高的情况下，步兵跑步的速度也随之提高。春秋时期由北方少数民族地区传入中原的民间游戏——秋千，在汉代进入宫廷，在南朝回归民间，还有蹴鞠、龙舟竞渡成为民间农闲或节日的体育活动。围棋在两晋南北朝开展得也非常活跃，在少年儿童当中涌现出围棋高手，当时设置了棋品制，按棋手的技艺高低分为"九品"。民族大融合还使各民族的舞蹈得到了大交流。

唐代是中国古代体育的大发展时代。马球、龙舟竞渡在当代得到了空前的发展。唐朝军队以打马球练兵，军队当中出现了很多马球高手，马球竞赛也是皇室贵族最喜爱的娱乐活动，而且需要服兵役的平民也要练习马球准备应征。唐代的马球运动已有明确的规则、场地设施、球杖和球制作工艺标准。唐代的宫廷和民间都以观看相扑比赛为休闲娱乐，涌现出很多相扑高手。在唐代身体活动的竞技娱乐得到上至皇室贵族下至平民百姓的喜爱，智力交锋的竞技娱乐也得到人们的喜爱，唐代围棋与日本和朝鲜国都有交流。唐朝是中国封建社会妇女参与体育活动程度最高的时期。当时，舞蹈、散乐、射箭、秋千、拔河、田猎、蹴鞠等多项体育活动在妇女当中广泛流行。

两宋时期是中国历史上文化璀璨的时代，由于手工业和商业的发展，城市人口激增，商品经济活跃，促使了城市文化的兴起，城市中有了综合性游乐场，促进了体育表演的繁荣，有了蹴鞠、相扑、举重、使棒等体育表演的专业艺人，宋代还有女子相扑和女子相扑艺人。朝廷大的宴会一定有蹴鞠和相扑表演，平常的节日娱乐有杂技、龙舟竞渡等。宋代还出现了民间体育组织——社，这些体育组织制定技术标准、竞赛规程、组织比赛和交流，当时有蹴鞠的“齐云社”、打拳使棒的“英略社”、相扑的“角抵社”等。

元明清是中国封建社会的最后三个王朝，有两个朝代是由北方的少数民族贵族统治。明清是处于古代和近代的交替时期，清代中期之后，传统体育活动逐渐没落。在明代中期，大多数人认为修心运体是最好的健身方法，当时还出版很多关于养生的著作，其中高濂的《养生八笺》内容最为丰富全面。清代创编了身心一体、融合自然、神静形动、气贯全身的太极拳。在元代初年捶丸受到贵族的喜爱，得到了较大的发展，值得一提的是当时出版了中国古代第一部最为全面、最为系统、文字最为简洁的体育专业书——《丸经》（1282 年，于至元十九年），该书对捶丸的场地设施、器材制造、竞赛方法、裁判规则、球场道德、比赛心理作了全面规定和论述。蒙古族和满族这两个北方少数民族有较为接近的文化，因此也有相同的民族体育活动。骑马、射箭、摔跤是蒙古族男子必备的三技，在蒙古族的“那达慕大会”上，这三项是最主要的竞技项目。每年的秋天，清朝皇帝率领八旗将士和蒙古王公在猎场围猎，狩猎之后的宴会表演是赛马、摔跤、驯马和蒙古族民乐表演。满族的祖先生活在长白山下，因此滑冰既是生活的技能也是军事作战的本领。清朝在北京建都之后便建立了冬至滑冰制度，名曰冰戏。冰戏包括速滑比赛、花样滑冰和冰球。

在日本的大和时代，上层社会流行狩猎。平安时代，每年都有许多以体育活动的为主的节日，如1月16日的踏歌节会、1月17日的射礼日、1月18日的赌弓日、5月5日的骑射日、5月6日的赛马日、7月26日的相扑日。相扑被称为日本的国技，在日本国民的心目中有着崇高的地位。此外柔道、合气道、空手道、剑道也是在日本广为流传的民俗体育活动。秋千和跳板是朝鲜和韩国历史悠久的民族体育活动项目。

（四）东南亚民族体育文化区

东南亚包括中南半岛的越南、老挝、柬埔寨、泰国、缅甸，马来群岛与马来半岛的印度尼西亚、马来西亚、菲律宾、新加坡、文莱、东帝汶11个国家。该地区的民族文化体现出儒家思想、佛教、伊斯兰教和西方文化汇集的多元特点。儒家思想主要是随着华人移民进入东南亚地区的；佛教主要在东南半岛流行；东南亚有占全球20%的穆斯林人口；西方文化对菲律宾影响最大。

东南亚各民族在漫长的社会生活中，依据本国的地理环境、文化背景、生存方式和风俗习惯创造出多姿多彩的民族体育文化。泰国有几百年发展历史的国技泰拳，泰国盛产大象，因此有许多与大象有关的民族体育活动，如人象拔河、跑象拾物等，泰国还盛行龙舟竞渡。马来西亚在每年4月稻谷收获以后，开展纸鸢竞翔，以祭奠稻谷女神；马来西亚还有陀螺和藤球民俗体育活动。在缅甸有妇女角力比赛，参加比赛的妇女站在规定尺寸的圆圈中心，两人背靠背，互相用臀部挤撞，直到把对手挤出圈外，即获胜。

二、非洲地区的民族体育文化概况

（一）非洲文化概览

从旧石器时代起，非洲的先民就在这片广阔的土地上生息繁衍，它是人类文明的发祥地之一。非洲的大多数国家历史悠久，曾经创造了璀璨的古代文明。尼罗河下游的埃及是世界四大文明古国之一，早在公元前5000年埃及就出现了农业，公元前4241年埃及人就制定出相当精确的人类最早的太阳历。北部非洲文化基本上属于阿拉伯伊斯兰教文化的范畴，但基督教对苏丹南部黑人的影响较深。中部非洲是阿拉伯文化与非洲文化的交汇处，主要信奉伊斯兰教和基督教，生产和生活习俗有畜牧民族的习俗和农业民族的习俗两种类型。南部非洲的文化深受欧洲文化的影响，既信奉本民族的传统信仰也信奉基督教。

（二）非洲民族体育文化掠影

埃及的国土90%以上是沙漠，生活在西奈半岛的贝都因部族的民众，沙漠之舟——骆驼成为他们生活中不可缺少的伴侣。在节日，都要举行骆驼赛跑。苏丹的“努巴族”，男孩子从13岁开始就要接受严格的角斗训练，训练分为四个阶段，四个阶段要分几年完成，这无疑是对青少年意志品质的磨炼，角斗是培养“努巴族”男子骁勇、机智、顽强的一项传统体育活动。多哥的拉民卡腊地区的卡布列族酷爱摔跤运动，通过摔跤运动强健身体、增强搏斗能力。肯尼亚的马赛族擅长使用长矛，长矛投掷至今是马赛族普遍喜爱的民族体育活动。

三、欧洲地区的民族体育文化概况

（一）欧洲文化概览

欧洲文化有五个代表性的时期。公元前1200年至公元476年的古典时期，公元500年至公元1500年的中世纪时期，5—16世纪的文艺复兴时期，17—18世纪的新古典主义时期和18—19世纪的浪漫主义时期。

欧洲古典时期的文明是处于南欧的希腊人创造的，是整个欧洲文化的发源地，它包括古希腊文明和古罗马文明，是整个欧洲文明的摇篮，它把欧洲带入了文明的繁荣时代。古希腊文明的诞生，是在巴尔干半岛和爱琴海域。在科技、数学、医学、哲学、文学、戏剧、雕塑、绘画、建筑等方面做出了巨大的贡献，构成了地中海世界文化的中心，结出了人类文明史上丰硕的果实。古罗马文化在很多方面继承了古希腊文化，并吸收周边各地的传统文化，特别是伊达拉里亚和东方文化，创造了灿烂的古罗马文化。古罗马文化在哲学、文学、建筑等领域，为全人类创造了巨大的精神财富。中世纪的1000年被认为是欧洲的“黑暗时代”，是漫长而毫无目标的迂回时代——穷困、迷信和黯淡。但是，这并不是中世纪的全部，经过史学家们经年累月的研究表明：中世纪具有巨大的创造力，社会在持续发生着变化。当中世纪结束时，欧洲政治、经济和技术，已在世界其他所有文明当中占有决定性的优势。在文艺复兴时代，复兴了古希腊和古罗马文化，自然科学得到了解放，自然科学向神学发出了挑战并取得了胜利。

（二）欧洲古希腊的体育

欧洲民族共同体经历过城邦、宗教、王权和国家等几个发展阶段。在公元前8世纪～公元前6世纪，希腊半岛陆续建立了许多奴隶制城邦。这些城邦都是独立的政治实体，但是彼此间有共同的语言、文化和信仰。在公元前5世纪的上半叶，古希腊的政治、经济、文化进入了空前的繁荣时期。古希腊拥有漫长曲折的海岸线和许多天然良港，为希腊人提供了十分便利的海上交通和繁荣的商业贸易，并极大地促进了文化交流。内陆丘陵起伏、气候温和，酿就了希腊人喜爱户外运动的生活习惯，造就了古希腊人心胸开阔、敢于冒险、崇尚竞争、热爱运动的民族个性与民族文化。古希腊人十分注重身体锻炼，一些竞技活动如角斗、掷石子、拳击、摔跤、混斗、战车赛、赛跑得以广泛开展。

体育是古希腊人教育的重要内容，最有代表性的是斯巴达体育和雅典体育。

公元前8世纪，只有9000户的斯巴达人统治者25万作为国有奴隶的希洛人和半自由民的庇里阿西人。斯巴达人为了维护统治，必须在身体素质和战斗技艺上保持质量优势。因此对青少年的教育也是以身体素质和战斗技艺为核心。斯巴达人的男孩7岁就要离开父母，进入公共的教育机构，由国家训育员管教，训育员从自由民中挑选。先进行体力训练，每年的年终进行比赛和各种祭礼仪式。进入青年组后，主要进行队列训练和运用武器的训练，学习投枪、掷铁饼、跳跃、角力和赛跑五项运动以及游泳、游戏和音乐舞蹈。斯巴达人的教育是单纯的军事体育教育。斯巴达未满20岁的女青年，要接受类似男孩的训练。为了后代更强壮，允许女子参加训练和公开赛跑比赛。斯巴达体育遵循的是部落传统，由于统治者和被统治者力量对比的悬殊，加之统治阶级当时具有的军事技术、劳动分工和思想水平，只有按照兵营的方式组织和管理国家，才能够稳固地掌握政权，培养的人虽然能够战之能胜、勇敢顽强，但是却往往是盲目服从，缺乏自由精神和创新精神。

随着雅典一次次的社会改革，创造出了符合当时社会理想的全面教育的体制。古希腊体操的四个基本任务——保健、军事、审美和道德也得到了完全的实现。雅典教育与斯巴达教育不同的是既有体育教育又有文化教育，培养的是身心和谐发展的合格公民。雅典儿童在7岁前，在家进行掷骰、秋千、跷跷板、陀螺、球类等各种游戏。7—14岁的男孩在私立的体操学校学习，12岁开始学习斯巴达的五项运动、拳斗和游泳等。14—18岁在国家体操学校学习。18岁在军队中接受两年严格的军事训练。古希腊的哲学家们认为，没有“自由人的生活方式”，没有体操活动是不可思议的。苏格拉底认为：“一个人到了垂暮之年都没有亲身体会到最健美的身体能带来多大的快乐，那真是再遗憾不过了！”①

（三）欧洲古罗马体育

在公元前8—6世纪古罗马“王政时代”开展的体育活动有田径、摔跤，还举行有宗教仪式的竞技赛会，在竞技赛会上有赛跑、赛车、击剑和摔跤比赛。当时的教育目标是培养既能从事农业生产，又能作战的农民军人，父亲是家庭教育的主要实施者，他们指导孩子学习骑射、角力、游泳等运动技能以及各种武器的使用方法。

在古罗马的“共和时代”（公元前6—1世纪）当时有全民性质的

---

① ［匈牙利］拉斯洛·孔著，颜绍泸译：《体育运动全史》，中国体育史学会1986年版，第44页。

竞技赛会。这个时期的公民教育的目标是能文能武，小孩的体育活动主要有滚铁环、鞭陀螺、打小球等。12 岁以后，男孩必须在父亲的带领下参加集体训练，学习投枪、使剑、骑马、徒手对打等。由于受四邻国家的夹击，军事训练占有重要的位置，青年男子在军营接受严格和全面的训练，裸体进行跑步、跳高、跳远、克服障碍和游泳训练，负重行军，学习使用武器。此时罗马人还流行角斗和各种球类活动。

公元前 1 世纪到公元 476 年是古罗马的“帝国时代”。随着政治结构和生活方式的变化，此时的古罗马体育有了与前两个时期很大的不同。在公元前 1 世纪，以军事独裁为基础的帝国，结束了持续半个世纪的内部危机，政局的稳定，为经济和文化的发展创造了条件。皇帝修建了大规模的水滨浴场，浴场中间的露天处修有小型的运动场，最富有的阶层在这里游泳、跑步、摔跤、举重、跳舞并开展球类活动。在罗马帝国初期，角斗士格斗被马戏和各种起源于希腊的比赛排挤到次要地位。到了帝国晚期，享乐浮华之风日盛，罗马人的生活日益奢靡颓废，观赏职业运动员的比赛和奴隶角斗取代了传统的健身活动和体育锻炼。为了满足这种娱乐的需要，修建了大型的竞技场，在这里罗马人观赏赛马、赛车等比赛和角斗士的血腥角斗。

（四）欧洲中世纪的体育

欧洲“中世纪”是封建主义、封建制度在世界最发达地区起决定作用的社会发展阶段。在中世纪，基督教成为欧洲的唯一意识形态，得到了绝对的精神统治地位。古希腊和古罗马的文化传统在欧洲发生了断裂，譬如古希腊和古罗马的体育文化精神与统治者的利益发生了矛盾，因此也处于长期停滞和倒退的状态。

尽管欧洲中世纪早、中期其体育文化处于衰落状态，但这不是欧洲中世纪体育文化的全部。欧洲中世纪晚期独特的骑士体育和丰富的大众体育是欧洲体育文化的典型代表。这个时期的骑士、农民和城市居民等阶层的体育活动孕育了近代体育的希望，成为近代体育的主要源泉之一。

1. 骑士体育

从公元8世纪起，欧洲的骑士阶层开始形成。骑士自备武器、盔甲和马匹为国王或封建主打仗，以此获得封地。骑士们为了战争的需要进行的身体和技艺的训练内容，成为欧洲中世纪体育的代表。

封建主们在自己的儿子7岁时，就将其相互或送到国王那里当“学生”。7岁至14岁他们在女主人的身边当侍从，与女主人学习上流社会的各种礼仪，同时进行各种身体训练和赛跑、角力、拳斗、射箭、抛掷重物、使用木棒和大刀等技能训练。14岁至21岁在男主人的身边当侍从，学习的内容主要包括骑马、游泳、狩猎、投枪、击剑、游戏（含下棋和球戏）、吟诗和舞蹈等“骑士七技”。除此之外，少年准骑士还用大量的时间练习徒步或骑马冲刺，长距离跑、全副武装跃上马背、翻越高墙等实用军事技术。

为了提高骑士的武艺，培养他们勇猛顽强的精神。在法国和普罗旺最先开始有骑士比武，11世纪末骑士比武从这里向外传播。比武的形式有两种，即双人比赛和集体比赛。双人比武是两个全副武装的骑士，用锋利的或钝的矛枪拼命地将对方打到马下，或者是用轻剑搏斗，如果这两种比武方式没有决出胜负，那就以摔跤来决胜负。集体搏斗，这种比赛在事先商定好的条件下进行，通常使用钝矛，有时也使用锋利的武器。这种集体的大搏斗，尽管有比赛的规则，并且有坚甲护身，但是由于碰撞和重重叠叠的重压，有骑士会失去生命。到了16世纪，为了防止这类不幸事件的发生，在搏斗的双方之间划定了界限，还制造了几种专用于比武的武器，这些武器不能刺伤对方。

2. 中世纪农民的体育活动

11世纪至15世纪农奴地位的改善，为农民阶层体育活动的开展创造了条件。农民的体育活动通常是在农闲期、盛大的宗教节日、集市、婚礼时进行，而且开展的种类也非常多，有摔跤、投石、跑、斗棍、滑冰、赛马、跳舞、假人游戏和棒球戏等。

摔跤和棍棒打斗在西欧的农村非常流行，在当时英国的民间故事传说当中，都会有一个擅用拐杖搏斗的英雄形象。在冰岛、英国的康沃尔半岛、瑞士、加拿利群岛、高加索等地，还形成了各自的摔跤风格。马术比赛、跳跃、跑步、投掷竞赛、攀登陡坡在当时也流传广泛。

3. 中世纪城市居民的体育活动

在11世纪至15世纪期间，为了反对封建主义的无政府状态对生产力发展的阻碍，大多数城市与中央政府结成了同盟。因此，为了保卫城市必须进行身体练习，同时为设计资产阶级生活方式所需的游戏和舞蹈创造了良好的条件。

当时，为了训练掌握武器，成立了一些有组织的射箭协会和击剑学校。弓箭手和击剑手按照协会的章程开展活动，如协会的成员必须在规定的日子参加训练活动。在竞技比赛时，按照当地的规则以某一军事训练项目为比赛的内容，进行一对一的比赛，比赛的项目有冷兵器决斗、赛马、拳击、摔跤、射箭等。

在劳动分工发展的情况下，一些与职业技能有关的体育活动得到了开展。例如，船夫的撑篙打斗成为整个西欧渔民和船员喜爱的竞赛活动。各种球类活动也得到广泛的开展，如足球、板球、棒球、古式网球等，1299年英国成立了草地地滚球俱乐部。

当时无论是在乡村还是城市，人们喜欢一种比武游戏，即比赛的双方骑在马上或驴背上，手执木制的长枪等武器对打，有时也会在桥上或水中进行，骑士比武以娱乐的形式加以再现。在儿童中，则流行抽陀螺、捉迷藏、越脊跳、放风筝、踢石球、打水漂等游戏。

四、美洲地区的民族体育文化概况

（一）美洲文化概览

在美洲，公元前就诞生了印第安文化。其中包括墨西哥境内的阿兹特克文化、玛雅文化和秘鲁境内的印加文化。

据传说，阿兹特克人原住地在墨西哥西部的海岛上，他们的故乡称为阿斯特兰（意为“苍鹭之地”），阿兹特克便由此得名。从11世纪中叶开始，阿兹特克人渐向墨西哥盆地迁移。1325年，阿兹特克人建成了特诺奇蒂特兰城。15世纪初，阿兹特克人强盛起来。阿兹特克人信奉多神教。他们把部落神威济罗波奇特利奉为“太阳神”和“战神”，此外还崇拜云神、雨神、花神、玉米神等。

玛雅人分布在包括现今墨西哥境内的四个州和一个地区（即恰巴斯州东部、塔巴斯克州东部、尤坦州、坎佩切州和金塔纳罗奥地区）以及今天的危地马拉、洪都拉斯、萨尔瓦多西部和英属洪都拉斯。大约在公元前 1000 年初期，玛雅人已进入了定居生活，从游牧社会进入农业社会。奇坎·伊杳和乌西玛尔是玛雅宗教、政治和文化的中心。公元前后，玛雅人创造了象形文字，它与埃及、中国的象形文字体系相似，是美洲大陆最早创造象形文字和留有文献的民族。玛雅文化比美洲其他地区文化发展早、水平高。因此，玛雅人有“美洲的希腊人”之称。玛雅文明历史悠久。1977 年出版的墨西哥大百科全书把玛雅文明划分为三个时期：前古典时期，从公元前 1500 年到公元 292 年；古典时期，从公元 292 年到 900 年；后古典时期，从公元 900 年到 1527 年。

南美安第斯高原是古代美洲的另一个发祥地。最早居住在这里的居民是摩奇卡族、艾马拉族和克丘亚族，印加人是克丘亚族的一支。“印加”一词，印第安语意为“太阳的子孙”。据考证，印加文明是在今秘鲁库斯科谷地发展起来的。据考古发掘约在公元前 8500 年左右，安第斯高原就出现了以采集和渔猎为生的居民。至公元前 4000 年左右，开始经营原始农业。自 13 世纪起，在库斯科谷地出现了印加人建立的地方性小国家。到 15 世纪中叶，他们建立了一个以库斯科为中心的强大奴隶制国家。在宗教上印加人保持着图腾崇拜，公社以动物命名。印加人崇拜祖先，视祖先为公社保护神。他们的宗教是对太阳神和月亮神的崇拜。他们认为自己的祖先起源于太阳。国王是太阳的化身，死后还会复活。16 世纪初是印加国家的极盛时期。

16 世纪西班牙殖民者来到美洲，消灭了阿兹特克和印加帝国，这两个印第安文明也遭到了毁灭。

（二）美洲民族体育文化

阿兹特克人和玛雅人骁勇善战，这两个民族的战士都要进行系统的军事训练。练习使用棍棒、弓箭、投石器、盾牌、套索、用投掷器发射标枪和近战搏斗。为了提高战士的身体素质和作战技艺，还要经常进行摔跤、跑步、划船、强行军和力量竞赛等训练。

印加人因其战功显赫被称为“新大陆的罗马人”。其青年人按照士兵的标准进行训练，并通过比赛检查受训者身体训练的状况，如4公里赛跑等。上层社会的子弟，在16岁时都得接受专门的考试。考试的内容包括约8公里赛跑、投掷石块和标枪、跳高、跳远，有时还会增加射箭、投石器发射、摔跤等项目。

球戏活动在印第安人生活当中占有重要的位置。据文献记载，印第安人技艺精湛，其水平之高，连法国和意大利的大师也望尘莫及。在宗教祭礼和庆祝胜利的活动中，球戏活动是必不可少的。如玛雅人的战士队和祭祀队的球戏比赛，比赛由主祭祀主持。玛雅人认为，主祭司一击球，表示能够带来雨水的大风启程了；球在空中飞行的时间越长，效果会越好；球如果过早地落地，预示着将有冰雹、干旱和严寒。在进行球类游戏时，一般情况下男女分开进行，但有时是男女混合组队游戏。游戏时用身体的各个部位击球，有时用曲棍击球，球是填满了东西或吹了气的。球戏有时还用来解决部落首领的人选问题和调解纠纷。

五、大洋洲地区的民族体育文化概况

（一）大洋洲文化概览

大洋洲由于其隔绝的地理环境和独特的生态环境，未能成为人类文明的发源地，人类足迹踏上大洋洲的时间也比较晚，根据考古发掘，直到旧石器晚期之后在大洋洲才逐渐出现人类生活的痕迹。在大洋洲最早出现人类的地方是新几内亚岛和澳大利亚大陆，距今只有4万多年。至于美拉尼西亚群岛、密克罗尼西亚群岛和波利尼西亚群岛，在航海技术未达到一定水平之前，人类是难以到达这一地区的。“16世纪之后，欧洲人开始进入大洋洲，随后其他洲的移民进入大洋洲。”①

在大洋洲，土著文化和亚欧文化共同孕育了该洲的民族文化，如大洋洲的土著文化。在欧洲人未侵入大洋洲之前，澳大利亚土著居民社会

① 高永久：《世界民族综论》，南开大学出版社2011年版，第276页。

还处在原始公社制中期，以采集和狩猎为生，有30多万人，500多个部落。在澳大利亚土著部落中，女人通常负责采集野果，而男人则结伙外出狩猎，但在这种原始的生产方式下，男人通过狩猎获得的食物往往不如女性采集手段来得稳定，也因此造成了大部分澳洲土著部族处于母系社会中。澳大利亚土著盛行图腾崇拜，以植物或动物为图腾，相信自己同这一植物或动物有特殊的亲属关系，本氏族的图腾动物不能杀害或食用，并把图腾物作为本氏族的标志。美拉尼亚民族群体、密克罗尼西亚民族群体和波利尼西亚民族群体在欧洲殖民者未入侵之前处于原始公社制解体的不同阶段，这三个民族群体的经济和文化水平高于澳大利亚土著居民，特别是波利尼西亚民族群体处于领先地位，这三个族群也信奉原始宗教。

（二）美洲体育文化概览

澳大利亚土著居民有很多以狩猎为内容的集体舞蹈。

“跳陆”是居住在澳大利亚可斯岛南端斑拉甫人传统民族体育活动。跳陆者用藤条绑住小腿，头部朝下从70多米的木架上跳下，藤条的长度正好能够使跳陆者的头部不触及地面。“跳陆”是斑拉甫人男子喜爱的民族体育活动，该项活动不只是单单显示人胆量的娱乐活动，而是关系到农作物的收成及男女之间的爱情和婚姻。因此，从建造跳台到“跳陆”都非常隆重。跳台由男子建造，女人不许插手，而且必须远离建造地点，斑拉甫人认为，如果违禁，会导致参赛者死亡或重伤。在“跳陆”之前，参赛者先进行海浴仪式，然后全身涂抹一层椰油，用树叶装饰身体，在颈上挂一串野猪牙。在“跳陆”仪式开始时，斑拉甫人男子边唱边舞，女人们则吹口哨伴奏，“跳陆”的男子则攀上木架，当准备往下跳时，舞蹈、歌唱和口哨伴奏都停止下来，让跳陆者与亲戚、邻居讲话，以表示他们的决心和信心。跳陆者可以摘下一些树叶撒下来，如果有少女捡起树叶，表明少女对他有意。如果“跳陆”成功则预示着农作物会得到丰收。[①]

① 盛琦编著：《中外体育民俗文化》，北京体育大学出版社2011年版，第450—451页。

参考文献

1. 高永久:《世界民族综论》，南开大学出版社 2011 年版。

2. 于学岭、远村、宏鉴:《奇妙纷呈——中外民族体育》，海南出版社 1997 版。

3. 文若愚、任啸科:《中国地理·世界地理一本通》，中国华侨出版社 2011 版。

4. 全涛:《世界地理全知道》，外文出版社 2012 版。

5. [匈牙利] 拉斯洛·孔著，颜绍泸译:《体育运动全史》，中国体育史学会 1986 年版。

6. 刘秉果:《中国古代体育简史》，上海古籍出版社 2010 年版。

7. 郝勤主编:《体育史》，人民体育出版社 2006 年版。

8. 盛琦编著:《中外体育民俗文化》，北京体育大学出版社 2011 年版。

9. 丛书编委会主编:《中国历代体育史话》，外文出版社 2010 年版。

10. 李毅夫等编著:《世界各国民族概览》，世界知识出版社 1986 年版。

11. 饶远:《亚洲体育的文化特质及现代意义》，《思想战线》，1992 年第 1 期。

12. 潘华、肖建:《论欧洲中世纪体育文化》，《体育学刊》，2010 年第 9 期。

第三章　生计方式对民族体育文化的影响

生计（livelihood）主要有以下几个意思：谋生的办法；生活的状况；谋划、产生计策。这种谋取衣食和居所以维持生存所必需的方法和手段便是生计（livelihood），或者称为生存战略（survive strategy）。生计方式，是指人类群体为适应不同的环境所采取的整套谋生手段，是其自然环境与社会环境综合作用的结果。20 世纪 50 年代，苏联民族学者提出民族学中的“经济文化类型”理论，该理论试图通过对民族生计环境的分析，参考社会发展状况，进行民族文化的趋同比对和趋异比对。通过以类型划分为表现形式，揭示民族文化与环境特征的相对应规律。其基本定义是：“居住在有相似的自然地理条件下，并有近似的社会发展水平的各民族在历史上形成的经济和文化特点的综合体。”① 关于中国生计类型的划分是在 20 世纪 60 年代，我国民族学家林耀华与苏联民族学学者切博克萨罗夫合著的《中国经济文化类型》一文。在该文中，“两位学者全面地运用经济文化类型理论，从纵横两个方面对中国乃至东亚的经济文化类型进行了详细的划分，并周密地阐述了各个类型的特征和它们的地理及生态基础”②，他们按“经济文化类型”划分了中国和东亚地区的多种类别。由于各民族的经济发展方向和所处的自然地理环境在很大程度上决定各民族的物质文化特点，这就使具有相近生产力水平和相类似地理环境的不同民族可能具有相近的经济生活和物质文化特征，从而构成相同的经济文化类型，即采集、狩猎、畜牧和农

---

① 林耀华主编：《民族学通论》，中央民族大学出版社 1997 年版，第 80 页。

② 同上，第 84 页。

耕四大类型。这一划分虽然受学科限制而略显单薄，但此研究已经关注到生态环境及其文化形态的有机联系。因此，这一分类系统至今仍有借鉴作用。随着民族学科研究的发展和我国民族学家对经济文化类型理论研究的不断深入，对该理论的两大构成要素“自然地理条件”和“社会经济发展水平”进行了修改，分别用“生态环境”和“生计方式”替代，我国民族学界对经济文化类型的定义表述为：“经济文化类型是指居住在相似的生态环境之下，并操持相同生计方式的各民族在历史上形成的具有共同经济和文化特点的综合体。”① 也有一些学者对 20 世纪 80 年代我国民族学者对“经济文化类型”这一概念的修订提出了质疑，认为：“我国学者对该定义的修改虽从字面表意上较为合理，但因对其分类前提扩大了外延和缩小了内涵，使之在理解上较为困难，容易产生歧义。同时在应用过程中，操作难度较大，不能真正反映出地理环境与经济文化的耦合关系。”②

不同民族处于不同的生态环境，经济生存方式有所不同，因而产生出与之相适应的经济文化类型。而民族体育文化正是各民族长期经济活动的独特文化表现形式，体育文化的具体表现与民族经济文化的类型表现有着不可分割的关系，即体育文化是在生计基础上产生的子文化系统。各民族体育文化系统，与自然环境、社会经济生活的密切关系，形成了富有民族特质的传统体育项目，表现出相对独立的发展脉络与文化特质。在民族体育文化的形成与发展过程中，生产劳动与体育形态之间的关系非常明显。各民族由于居住地的自然地理环境不同，导致人们生产劳动方式内容的千差万别。总的来说可分为采集、狩猎、畜牧与农耕四大类，而每一类生计方式也衍化出与之相适应的民族传统体育活动。许多民间传统体育活动是由人们对劳动过程的行为进行模仿、移植、改造、提升而形成的，有的项目则是原汁原味劳动场景的原生态形式。

---

① 林耀华主编：《民族学通论》，中央民族大学出版社 1997 年版，第 86 页。

② 李伟、杜生一：《对经济文化类型理论的再认识》，《兰州大学学报（社会科学版）》，2002 年第 5 期，第 52 页。

第一节　采集狩猎生计方式下的民族体育文化特征

一、采集狩猎生计方式

采集狩猎是指一种通过猎捕食物和直接采摘可食用果实的生存技能，是一种不太靠驯养动物或农业的生存状态。采集狩猎的民族主要以采集和狩猎为主要生计，即直接从自然界中的动植物身上获取生活用品，人们把这些自然界直接猎捕的动物和采集的果实制成衣食还要付出劳动，但是这些劳动不是用于动物的饲养或植物的栽培上。在先民的各种生产活动中，采集和狩猎是最为原始的生存手段，也是人类维持生存的最简单方法。在农业文明之前，采集狩猎曾是全人类所共有的生计方式。依据考古资料，采集狩猎在人类历史上已有百万年（150 万年）之久，是人类最为悠久的生计方式。

采集狩猎民族的生计方式是综合的采集渔猎。除采集野菜野果和山货外，也进行狩猎，且有比较发达的渔捞技术。采集狩猎民族自然分工特点明显：男子狩猎，妇女采集兼做家务及加工猎物。狩猎为集体活动，并均分所得；以妇女为主要劳力的采集活动，虽然亦结成伙伴，但不分配所得。时至今日，仍有零星的采集狩猎人口分布在世界上的少数区域。

在我国，采集狩猎型民族主要为分布在东北的大兴安岭北端、小兴安岭、黑龙江、松花江和乌苏里江交汇处的赫哲族、鄂伦春族和部分鄂温克族以及居住在濒临北部湾“京族三岛”的京族和分布在台湾中部山地、东部纵谷和兰屿岛上的高山等民族。采集狩猎生计方式包含以赫哲族、京族为典型的采集渔捞和以鄂伦春族、高山族为典型的采集狩猎两种类型。但无论哪种类型的采集狩猎生计方式，都是因为在人类社会发展的最初阶段生产力水平较低，人类不得不利用自己的身体能力获取食物。而正是在这种狩猎、采集果实的过程中，产生了走、跑、跳、投、攀登、爬、越等人类最基本的体育活动技能。

二、反映采集狩猎生计方式的民族体育文化

在远古时代，原始人类的生存条件十分严酷，面对凶险异常的大自然，人们为了生存必须付出艰辛的劳动与殊死的搏斗。从民族体育活动的起源来看，许多体育活动最初都是作为一种最基本的谋生手段，在满足人的生存需要过程中发展而来的。所以，原始体育的雏形就是在与这种广阔而深奥的自然世界抗争中萌发出来的。

在先民的各种生产方式中，采集是最为原始的生产手段，也是人类生存的最简单方法。但别看采集最为原始简单，却是需要高超的运动技能。比如，果实长在树上，不会攀爬如何采集？原始的采集劳动使人类不得不面对大自然的严峻挑战。为了生存，必须要爬上树梢采集果实；为了生存，必须跳过深涧，越过急流，攀上悬崖。正是采集过程中战胜自然的体验，磨炼出人类的智慧与矫健，陶冶出勇敢、坚韧、无畏的可贵品质。这也正是民族体育活动最具魅力的内核。

在原始生产方式条件下，强健的体魄往往是一个人生产甚至是生存所必需的基础。这种现实的需要使人们意识到体能和技能的重要性。爬树、爬杆、爬绳、攀岩等是原始人类在最初采集生产活动中锻炼出的劳动技能。例如，为了攀上悬崖，独龙族人常将一棵高大的树木砍倒，斜靠在绝壁上，在树干上砍出若干斜口，助人攀缘。有时用野藤编成绳子打上结，垂悬在绝壁，以便人顺藤而上攀到崖顶。为了掌握这些生存技能，独龙族人从小就必须开始接受训练。成年人也常常带孩童练习滑溜索、攀悬崖，帮助他们掌握要领，提高身心素质。为了考察学习锻炼的成果，滑溜索就逐步发展成了比赛。这样的比赛最初是为了考核人的生存技能，逐渐地比谁的姿势优美、比谁的技艺惊险动人；在攀藤比赛时，目的也不是为采集到燕窝、果实，而是为了比出谁爬得又高又快，技压群雄，获得心上人的青睐，等等。[①] 再如，生活在高山密林深处的哈尼族人民多有爬树的特殊技能。每逢节假日，人们还要举行爬树比

---

① 饶远、刘竹：《中国少数民族体育文化通论》，人民出版社2009年版，第44页。

赛。比赛前，人们选定几棵笔直的树，修枝打磨光滑，紧紧将树围住，依次轮流上树，在最短的时间内爬到规定的高度者为胜。当然，这种活动已不是为了获得生存的物质，而是为了追求一种荣誉感，为了获得他人的信任、好感和爱慕，原始采集劳动技巧的比赛便在此时悄悄发生了质变，开始向着以荣誉、美感为核心的体育活动转化。

不同的生计方式，必然对个人体质提出不同的要求，从而决定该民族传统体育运动的特点。以狩猎为生计方式的民族，由于猎物踪迹飘忽不定，猎手不仅要面临野外种种危险，还需要长途跋涉、外出数周才能猎取回猎物。因此，除了拥有高超的狩猎技术外，还需要有良好的耐力和体力加以保证。此外，如果猎物体积硕大，猎手将其背负回家时也需要耗费大量气力。因此，对于以狩猎为生计方式的民族而言，良好的耐力、体力、气力从来都是猎手应该具备的。在此观念下，能够训练或测试这些方面能力的体育运动自然备受青睐，典型的项目有长跑、举重、抱石头、拔河、弓箭和投掷类等运动。

狩猎的产生比采集稍晚一些，它需要具备对自然更为深刻的认识以及拥有更为复杂的技能。狩猎生计方式的产生不仅使人类生活资料更加丰富、生活空间更加广阔，而且还促使人类发明了叉、网、弓箭、标枪、流星等花样繁多的工具。20 世纪 70 年代，考古工作者在山西阳高许家窑文化遗址中挖掘出了古人类化石和数以万计的石器。值得注意的是，在这个距今至少 10 万年的文化遗址中，有 1500 多枚大小不一的石球。据专家们考证，这些石球是当时许家窑人狩猎所用的投掷武器。后来，由于弓箭等先进工具的发明，人们猎取野兽的能力逐渐提高，很少再需要用到石球这种笨重的工具。于是，石球的功能便开始向娱乐性转化，扔石球的目的不再是为了击伤或击倒野兽，而只是为了消遣娱乐，增加一些欢乐的情趣。很显然，这些石球已经不仅是狩猎的工具和保卫自身安全的武器，而且也是一种游戏的工具。弓箭是狩猎民族的又一主要工具。据古籍记载，原始人可能是通过发现桑柘一类树木的弹力而制成了弓箭。发明了弓箭以后，狩猎的效率就有了很大提高。后来，当人们学会了种植庄稼和饲养牲畜的时候，狩猎就不像以前那样重要了，人们玩弓射箭已不再是为了射得野兽饱腹充饥，而是为了显示射箭技艺。

于是，具有体育性质的射箭活动出现了。在出土文物中，还有原始社会后期的骨制鱼镖和鱼钩，说明捕鱼在当时已是经常性的活动，与之相应的投掷鱼镖、垂钓、游水等活动也已出现。所以，在制造和使用生产工具以及在提高身体素质以利于生产劳动的过程中，许多民族体育活动就应运而生了。

当然，由于地理条件和人文条件的差异，各民族的狩猎方式多种多样。如“叉草球”，就是赫哲人渔猎生活的典型反映。该运动源于赫哲族原始的渔猎生产生活之中，赫哲族生活的地区山清水秀、河汊纵横，为渔猎经济和捕鱼技术的发展创造了得天独厚的条件，赫哲人善于捕鱼，尤善叉鱼。叉草球正是为了培养孩子们叉鱼的兴趣和技巧，开展的一种集娱乐和提高渔猎生产技能的体育活动。该活动原是将一个草球扔到水里，一个人用长杆在水中拨打草球，使其在水中游动。叉鱼者用叉来叉水中的草球，叉着即为得胜。后来是让草球在草地上向前滚动，参加者掷叉将其叉住，以叉中多少定胜负。还有一种方法为射准，在地面竖一草靶，参加者站在5—10米外，投鱼叉射靶，每人投数次，以投中靶多者为胜。

许多少数民族居住在奔腾咆哮的大江大河边，江水陶冶出他们的无畏，也锻炼出他们一身的水上功夫。自古以来，生活在江河之畔、湖泊四周的各少数民族人民，是真正的“浪里白条”、水上骄子。常在水上开展的竞赛项目有独木划水、龙舟赛、划竹排比赛、游泳比赛等。划竹排比赛，盛行于云南布依族民间。三月三，是布依族的盛大节日。初三这天，要祭山神；初四祭冰雹；初五祭龙潭（水神）。全寨子的人们，共同出钱买一头猪、一只白公鸡在龙潭边（水井）宰杀后祭龙王。节日期间，孩子们带着小水车，背着煮熟的红鸡蛋，跑到河边玩水车，而青年男女则在水边举行划竹排比赛。一个个竹排冲开水花迅速冲向目标，激起阵阵加油声、欢呼声。最后，胜利者登上领奖台，获得异性青年万分的艳羡。竹排比赛结束后，意犹未尽的青年们、孩子们又冲进水里，尽情地打水仗、游泳，也有年轻人在岸边唱山歌、吹木叶、谈情说爱。慈爱的父母们做好鸡鸭鱼肉等节日佳肴，送到河边，与孩子们一块美餐。水的浪漫之情、欢愉之情与水中的无畏矫健，此时此刻就这样与布依族人的幸福祥和的生活融为一体。

我国北方古老的采集狩猎民族——鄂伦春族曾经是一个全民以狩猎为主要生计方式的民族。鄂伦春族传统体育文化来源于狩猎实践、对敌斗争、宗教文化和娱乐活动。鄂伦春“凡儿童七岁之后，其父兄即教以打猎之技，教子之法，先令以枪自击灰鼠。必击中其头，若击不中，或中而伤皮，则夏楚随之矣，如此终岁练习，必至纯熟而后已，及十岁左右则得心应手枪无虚发矣。”[①] 可见，鄂伦春人从儿时起就适应狩猎环境，从小练就了狩猎的本领。长期的狩猎生活形成了鄂伦春人采集狩猎经济文化类型，并造就了独具特色的鄂伦春族狩猎体育文化。

处于深山密林中以采集和狩猎为主的瑶族，他们住无定所、居无常规。他们早期的获取食物方式，样样都与早期的体育行为不可分开。由于瑶族人要在极为险峻的众壑纵横中顽强地生活，采集果实或药物常常要攀爬，攀悬崖等原始技能便成为他们生活中不可缺少的功夫。自然环境的险恶以及生计方式的原始，使瑶族人不得不用许多令人难以置信的绝招快速获取猎物。他们会使用质地结实的木料制成弓弩，用硬竹制成射箭。古老的生活方式使他们个个身怀数种获取生存物质的绝技，反之，如果族人没有克服生存障碍的技能，便难以生存下去。毫无疑问，这些生存技巧在他们的生活中，不是作为一种展示魅力或威力的手段，而是在生存过程中必须掌握的。正是由于他们具有各种原始体育技能，如疾跑、射击、攀崖爬树、挥舞刀棍、投掷物器等，才使他们在如此艰险的环境中获得生存而不被泯灭。

因此，以采集狩猎为生计方式的民族在长期的采集、狩猎、捕鱼等生产活动中总结了一系列的经验，其中的一些生产活动衍变成了以后的民族体育。他们的民族体育文化中拥有勇敢、无畏、坚韧的可贵品质，并且崇尚以能够训练耐力、体力、气力方面能力的体育运动，如长跑、举重、抱石头、拔河、弓箭和投掷类等。所以说以采集狩猎为生计方式的民族，其民族体育文化内容多与狩猎和采摘有关。

---

① 张涛主编：《中国少数民族传统体育概览》，中央民族大学出版社 2008 年版，第 27 页。

第二节　畜牧生计方式下的民族体育文化特征

一、畜牧生计方式

畜牧业是指用放牧、圈养或者二者结合的方式饲养畜禽，以取得动物产品或役畜的生产方式。它包括牲畜饲牧、家禽饲养、经济兽类驯养等。原始畜牧业是从狩猎中发展起来的。原始人不断改进狩猎工具和狩猎方法，在使用弓箭和采取设陷阱围猎等方法时，偶尔捕到兽仔，并把它带回住地驯养繁殖，出现了原始畜牧业。后来，在那些自然条件适宜畜牧业发展的地区，人们发现狗、羊、牛、猪、马等较温顺的动物幼仔长得快，繁殖多，比打猎收获可靠。于是，驯养的畜群逐渐增多，驯养动物就逐渐代替狩猎而成为主要的生计方式。

以畜牧为生计方式的民族主要分布在大兴安岭西麓，西经准格尔盆地西缘，南到横断山脉中段（云南省香格里拉县）的广大地区。从事这一生计方式的少数民族众多，根据所处地理环境及经济生活类型，又可分为三个类型。一是分布在大兴安岭西北的鄂温克族、生活在拉巴山腹地的普米族和呼伦贝尔地区嫩江流域的达斡尔族构成的山林畜牧型；二是以蒙古高原上的蒙古族、准格尔盆地的哈萨克族和帕米尔高原的柯尔克孜族为代表的高原游牧型；三是以分布在青藏高原东南部的藏族、乔戈里腹地的塔吉克族和河西走廊祁连山边缘的裕固族为代表的高山畜牧型。上述民族经济生存类型都属畜牧型，日常生活中反映出来的体育文化特点也多与畜牧生产生活紧密相关。但由于畜牧民族分布地域广阔，南北地域差异较大，因此在具体的体育项目表现形式上各具特色，凸显了不同地区不同民族特有的个性。

二、反映畜牧生计方式的民族体育文化

山林畜牧类型民族多数为人口较少民族，其民族体育文化多反映山

林畜牧、狩猎、纺织等生产生活。如，居住在大兴安岭地区的鄂温克族。鄂温克族的体育文化来源于畜牧生活，其畜牧体育文化特征在每年敖包节上的体育娱乐活动中表现得尤为突出。敖包节是鄂温克族的宗教节日，流行于黑龙江和内蒙古的鄂温克族地区。敖包祭祀活动的大致过程是：在敖包的前方摆上供桌，喇嘛以地位的高低排座念经，大家围坐在喇嘛的两边形成圈。念完经后，由首席喇嘛领头，大家跟在喇嘛之后，从右向左绕敖包走三圈，而后将祭品（肉、奶食、糖果、点心等）散放在敖包上，族人争先恐后分享“敖包贺希格”（汉语为敖包赏赐的吉品）。然后开始进行摔跤、赛马、射箭、沙特日（蒙古棋）等那达慕内容。“布库扎瓦勒迪仁”鄂温克语是“摔跤”，摔跤是鄂温克族比较普及的体育运动项目，通常在青壮年聚集的场合或劳动休息时进行，人们不分体重大小来较量气力，在锻炼了身体的同时用娱乐的方式调节了自己的心情。在敖包会和重大节日时，各地的摔跤手们也赶来聚会，参加摔跤比赛，选手在参加比赛时穿上马靴子或自制的“黑色靴”，穿上“照得”（摔跤坎肩）出场，裁判员发令后，双方握手致敬，接着开始一场激烈的摔跤比赛。鄂温克族的摔跤比赛也有自己的规则，一般为淘汰制。摔跤的技巧种类多样，有勾、绊、压、背、晃、旋、踢等多种，但不能用手抓对方脖子以上的部位，也不允许抱腿和用脚踢对方膝盖以上的部位。当选手把众多对手摔倒在地，并且在没有选手与之较量时为胜，可给予“布库”（鄂温克语“摔跤手”）称号。

游牧是畜牧民族生计的典型方式。游牧文明是在人类早期原始采集文明和狩猎文明之后，与农耕文明差不多同时产生的，就其生产方式和生活习惯而言，比农耕文明更接近原始的采集狩猎文明。游牧民族牧业生产的主要工具为套马竿，又称“套竿”，蒙古语称“兀兀儿合”。据《元朝秘史》记载，早在13世纪初蒙古汗国建立前，就已出现了这种工具，一直沿用至今。套马竿木质坚韧，总长约300厘米，顶端拴有套形皮绳。它既可用于套马，也可用于狩猎时套其他动物。每逢捕捉马匹时，牧民持竿跨马，冲入马群，看准马匹，抖开绳套，将马颈套住勒紧，随马奔驰，直至马匹力竭驯服为止。这些套马者多为技术娴熟、身强力壮的牧民，因而当地牧民以套马为光荣。这一类型的少数民族分布在大兴安岭以西，长城以北，向西延绵到帕米尔高原及青藏高原的大部分地区，主要有蒙古、哈萨克、藏等少数民族。以蒙古族为例。蒙古族自古以来就是游牧于蒙古高原的众多民族之一，畜牧生产是蒙古族赖以生存和发展的主要经济活动。他们的传统生产方式是在天然草原上放牲畜，过着常年“以车马为家”的迁徙生活，加之自然环境的严酷，要求蒙古人必须具备强壮的体魄、坚强的毅力以及高超的技艺，这样才能适应游牧生产生活的需要。所以，蒙古民族历来就重视和酷爱体育竞技，并从游牧生产生活中提炼出有益于增进体力、提高技能的项目。如赛马、摔跤、射箭，这三项技能的水平是衡量男子汉们有无真功夫的标志。蒙古族许多体育项目都是其草原游牧生活的真实写照，被称为“沙漠之舟”的骆驼，因为其体型庞大魁梧，行走稳健，而且耐饥渴、耐寒暑、能负重、善于在戈壁沙漠行走，奋蹄奔驰时可以跟飞奔的骏马相媲美，而且比马更有耐力，被草原上以牧驼为主的牧民尊为“万牲之王”。生活在沙漠边缘的人类早在公元前3000年已经开始驯养骆驼，作为役畜，以供驮运和骑乘，有许多国家有倚赖骆驼为生的骆驼牧民，甚至有骆驼骑兵。在明朝宋濂等所著《元史》当中就有关于蒙古骆驼骑兵的记载。据文献记载，当骆驼被驯化为交通工具时，赛骆驼也就产生了。在我国，骆驼主要分布在内蒙古、新疆、青海、甘肃、宁夏等省区约110万平方公里的干旱荒漠草原上。在内蒙古的阿拉善盟、巴彦淖尔市、鄂尔多斯市和锡林郭勒盟，青海省的海西蒙古族藏族自治州，新疆的巴音郭楞蒙古自治州等地盛行赛骆驼。如在内蒙古西部阿拉善盟一带，有骑骆驼赛跑和射击等，骑手不分男女，多在每年一度的蒙古族“那达慕”大会上举行。赛手们穿着蒙古族服装，骑在驼背上，骆驼飞跑起来如离弦之箭。赛程一般5—10里，先到终点者为胜。获胜者常被人们抬起，并唱歌跳舞，以示敬佩。

高山畜牧是一种半游牧的经济生活类型。高山畜牧民族往往以山或山顶为牧场，因而面积较小。畜群多垂直移动，即按季节改变高度，因此移动的速度和范围都小于游牧型。高山畜牧民族以畜牧为主，并混有更高的农耕成分。高山畜牧与农耕的混合在此类型民族中得以体现，一般老人和妇女从事农耕和料理家务，青壮年男子上山放牧。由此草原牧场开展的体育竞赛活动多由男子参与开展，而闲暇娱乐活动妇女也参与其中。高山游牧民族传统体育多半是高山游牧民族的经济生活和适应高山环境的写照，许多项目都表达了牧民与自然生态环境、豢养牲畜、生活劳作等方面的相互协调关系。以青藏高原高山畜牧民族为例。高山畜牧是这一地区藏族牧民传统经济生产的主要方式，至今在生产中所占比重仍大于农业。由于这一区域纬度较高，气候较为寒冷，在海拔 3000 米至 4300 米的高山草原牧场、山地灌木丛草场和盐湖河滩草场上，可以放牧藏绵羊、藏山羊、黄牛、犏牛、牦牛、马、骡、驴等牲畜；在 4300 米以上的高寒草甸牧场、山地灌木丛草场和盐湖河滩草场上，可以放牧藏绵羊、藏山羊、牦牛、马等牲畜；在海拔 3000 米以下的河谷台阶地带，则可饲养黄牛、藏山羊、犏牛、牦牛、马等牲畜。牦牛和马在日常生活中是牧民的助手和亲密伙伴。由此，青藏高原藏族有许多以日常放牧为基础、与牦牛和马相关的传统体育项目。如赛牦牛是藏族最具地域特色的民族体育活动。相传在唐朝初年，松赞干布迎娶文成公主，迎亲、娶亲队伍到了玉树后，举行了隆重的欢迎仪式。其中有精彩的赛马、马球、射箭、摔跤活动，令久居深宫的文成公主及送亲的官员大开眼界。尤其是黑、白、花各色牦牛组成的赛牦牛活动，更让人们惊奇不已。文成公主等异常欣喜，忘却了背井离乡的忧愁，松赞干布便诏定以后每年赛马的同时举行赛牦牛这一富有情趣的活动。过去赛牦牛一般由一个部落或地区发起，邀请邻近部落参加，也有闻讯后从百里之外赶来的参加者，受到邀请的部落立即准备，选取优良的牦牛和骑手，由长者召集人组织人研究对策，比赛选拔，驯养调教赛牛，以求在比赛中夺魁。新中国成立后，赛牦牛活动得到了很大发展，以乡或村寨为单位，参加人数增多，赛跑的长度增长为 2000 米，以时间来计算名次。比赛过程中，骑手驱牛疾驰，头头牦牛争先，个个骑手逞能，呼声阵阵，高潮迭起。

对于以畜牧为生计方式的民族而言，拥有稳定数量的牲畜使得生活获得了一定的保障，但所面临的危险依然存在。比如，防止野兽的袭击，防止敌人的突袭与掠夺，外出寻找丢失的牲畜，等等。另一方面，在迁徙的过程中，个人除为自己的行为负责外，还须当机立断做出种种抉择，如迁往何处、何时启程、如何在规定时间内抵达目的地，等等。因此，强调速度、位置移动、克服障碍的体育活动往往受到欢迎，典型的项目有爬山、跳越、赛跑、赛马、赛骆驼、赛牦牛、叼羊、射箭等。

第三节 农耕生计方式下的民族体育文化特征

一、农耕生计方式

在原始社会，妇女们长年累月地从事采集，通过不断地观察、摸索，她们发现种子落地后能够生根、发芽、开花、结果，生产出更多的植物。经过千百次试种，人们逐渐学会了栽培作物。这样，就出现了“刀耕火种”的原始农业，后逐渐成为人们较为稳定的衣食之源。随着农耕生计方式不断地发展，农耕技术渐渐开始起到决定人类社会发展走向的作用，农耕的谷物支持了亿万年来的人口增长，也构成了人类文明的重要基础。

在中国从事农耕经济的民族分布广泛，从帕米尔高原东坡到台湾、从黑龙江到海南岛的辽阔地域里，主体部分处在大兴安岭至拉萨线以东的湿润地区。由于从事这一经济类型的民族分布地域广阔、生态环境各异，产生的经济文化形式也就千姿百态。我国的民族学研究者将这一类型组中分出六个经济文化类型，即山林刀耕火种型、山地耕牧型、山地耕猎型、丘陵稻作型、绿洲耕牧型和平原集约农耕型。多种类型的农耕生计方式，使各农耕民族在长期的农业生产中形成了自己独特的体育文化。与其他经济生活类型的民族相比，农耕民族从事农业生产的定居型生活模式决定了他们对外来文化的接受和积蓄能力强。就体育而言，农耕民族对其他经济类型的民族体育文化兼容并蓄，这为民族体育文化的研究拓宽了视野。

二、反映农耕生计方式的民族体育文化

人类经历了时间漫长的采集劳动，逐渐发现并掌握了粮食作物、蔬菜、瓜果等植物生长的规律，农耕劳动逐渐成为人类获取生活资料的主要劳动。这极大地改变了人的生存价值观和生产生活方式。在中国，农耕民族人口占绝大多数，涉及民族众多且地域辽阔，农耕生计类型多样。因此，产生了与之相关的丰富多彩的体育文化活动。以下仅举几例加以说明。

甘肃临夏东乡族历史文化悠久，文化内涵丰富，该地区体育文化更具民族色彩和地域性，并且世代相传。东乡族有许多流传民间的文娱体育活动，在冬季和初春农闲时节尤为活跃。“咕咕杜”是东乡族传统的农闲体育比赛，参加对象仅限于男性青年。“咕咕杜”实际上是用树枝削制的像鸡蛋大小的椭圆木球。届时人们各自手持木棒击打，因此又称“打咕咕杜”。比赛时，按参加的人数分攻方和守方，攻守双方要人数相等，场地多在打麦场或靠墙、靠山崖的平坦地方。其规则是：守方在划定的方框内将球击出，攻方则从得球之地，无论远近，尽力将球击入方框内，入则交换发球权，守方以棒迎击防守，击之越远越好。打“咕咕杜”场面气氛热烈，在东乡族地区十分普及。

踏脚是回族传统的体育活动，流行于今宁夏回族自治区泾源县。踏脚是一项既可娱乐，又可健身、自卫的活动，受到回族群众的喜爱。每逢农闲时节，从小孩到老人，都要聚集到一起进行热闹的踏脚活动。踏脚像踢足球一样，用脚不用手。可一人对一人，也可二人对四人等。双方对踏时，你踏我闪，你攻我守。基本的动作是平踏、破脚、背脚、连环转、飞脚等。平踏时一般侧身面对对方，以全脚掌向对手蹬出。破脚，则要单腿跳步，面对对手正面，向高处蹬出。背脚，回族民间俗称“关后门”，多采用于进攻对方的裆部、臀部，这个动作声东击西，防不胜防，一般在背向对手时突然向后方踏出。连环转，即快速转体360度，打击对手的背面和侧面。飞脚，即双腿腾空，踏向对方的肩部和背部。在对踏中，往往一两个动作连在一起，成为一个整体动作。在

“嗨”、“哈”的发声中，前踏后蹬。[①]

撒拉族传统体育较现代竞技体育具有更为突出的娱乐性、表演性和观赏性，内容丰富、形式多样，具有独特的魅力。“打蚂蚱”是撒拉族民间传统的体育活动之一，深受当地青少年喜爱。“打蚂蚱”将长6—7厘米，粗约1.5厘米的木棍两头削尖制成“蚂蚱”，用木板制作一块长约70厘米，像大刀一样的拍板去打。“打蚂蚱”比赛可单打，也可双打。就地画一个直径约1米左右的圆圈为雷区，将“蚂蚱”放在雷区内任意一个地方，用木板打“蚂蚱”一头，使“蚂蚱”弹起，在“蚂蚱”落地前必须用拍板将它拍出雷区，若拍板脱手则视为犯规，将失去进攻权，若“蚂蚱”没有弹出雷区，攻方可继续。攻方在雷区内将“蚂蚱”击出，“蚂蚱”落地前，守方随“蚂蚱”跑动，设法将“蚂蚱”接住可取得进攻权。将“蚂蚱”从落地处掷向雷区，若投进雷区，双方可互换攻守位置。如果掷不进雷区，攻方用拍板将“蚂蚱”拍向更远的地方，然后用拍板丈量“蚂蚱”与雷区的距离，板数多者为胜。胜方罚败方单腿跳一段距离，或唱歌，或表演节目。

“打扁担”是一种由壮族生产劳动中发展演变而来的体育活动。因器具用扁担，故名“打扁担”。宋代周去非在《岭外代答》中记载：“静江（今桂林一带）民间猎禾，取禾心一茎连穗收之。室角为大木槽，收食时，取木舂于槽中，其声如僧封之木鱼，女伴以意运杵成音韵，名日舂堂。每旦是，则舂堂之声，四闻可听。”[②] 秋收以后，人们用树木挖成槽，槽中注入稻谷，用木杵舂谷。每边站五人，男女间立。在舂打中，时而敲击槽边，发出有节奏的敲打声。后来，木槽用木板代替。用一长方坚硬的木板，放在两条长凳上。两旁排列数人，手持扁担上下对舂，和以锣鼓节拍转动。打舂堂演变成打扁担，木板不用了，直接敲打长凳。有的地方不用木杵也不用扁担，而是用竹竿，竹竿两头还系上数枚铜钱，敲打起来声音清脆，悦耳动听。打扁担一般是妇女的运动，场地可大可小，人数为四、六、八、十人不等，但双数为宜。打扁

① 张涛主编：《中国少数民族传统体育概览》，中央民族大学出版社2008年版，第11页。

② 同上，第152页。

担时，大家围在长凳两边每人拿着扁担，双手握扁担中部，按传统节奏用扁担两端敲打长凳，打法变化多端。动作是模仿打谷、车水、栽秧、舂米、织布、赶牛、下地等劳动活动，有上下对撑，有站立和下蹲，有原地和行进，还有转身和跳跃等。加之伴以锣鼓和不时发出的“咳咳”呼声，表现出强烈的节奏感。该运动套路有“打舂堂”、“全家乐’、“大团圆”、“粑田插秧”、“车水”、“收割打谷”、“庆丰收”等。

扭扁担比赛是贵州省三都水族自治县一项具有悠久历史的娱乐竞技项目，是典型的农耕文化的表现。比赛时两名选手各持竹扁担的一端，分别向正反两个方向扭动，先松手或被对方将扁担扭转过来者即为落败一方。因此项活动来自于日常生活，操作简单，器具方便，老少皆宜，所以备受水族人民的喜爱。

对于以农耕为生计方式的民族而言，由于住所固定，与土地概念有关的精耕细作型农业生产活动主宰了人们的日常生活。一方面，人们企求风调雨顺、土地丰沃多产与人丁兴旺，为此取悦神灵、消灾祈福的愿望根深蒂固。另一方面，精耕细作式的农业生产对劳动力提出了更高的要求，如何协调众人共同参与生产劳作成为当务之急，团队精神被强调到无以复加的地步。此外，随着宗教观念的发展、生活的稳定与安逸，导致“运气”型的体育活动的诞生（如掷色子、麻将和骨牌等）。总之，在农耕型社会中，与宗教、节日庆典、团体精神有关的体育活动得到了蓬勃的发展，典型的项目有舞蹈、秋千、赛龙舟以及各类棋牌活动等。

参考资料

1. 黄聪：《中国古代北方民族体育史》，人民出版社 2009 年版。

2. 林耀华：《民族学通论》，中央民族大学出版社 1997 年版。

3. 张涛主编：《中国少数民族传统体育概览》，中央民族大学出版社 2008 年版。

4. 饶远、刘竹：《中国少数民族体育文化通论》，人民出版社 2009 年版。

5. 李伟、杜生一：《对经济文化类型理论的再认识》，《兰州大学学报》（社会科学版），2002 年第 5 期。

6. 庄孔韶：《可以找到第三种生活方式吗？——关于中国四种生计类型的自然保护与文化生存》，《社会科学》，2006 年第 7 期。

第四章　文化习俗与民族体育文化的互动

第一节　文化习俗与民族体育文化间的关系

文化习俗作为一种历史的积淀，在民间源远流长，根深蒂固，它是一个族群在长期发展过程中逐渐积淀起来并作为体现该族群特征和生存基础的文化体系，是一个族群形成并得以发展的重要根基，各民族体育文化的产生和发展与其密不可分。因此，一个族群的文化习俗与历史背景，在一定程度上也必然会影响其体育文化活动。

文化习俗作为一种历史的积淀，它与民族体育文化的产生和发展密不可分。在历史发展过程中二者的关系表现在：文化习俗，作为一种民族的传统文化，它内聚积淀于一个民族的精神底蕴和心理深层，亦外化体现于其物质形态和社会行为，它传承民族传统，规范民众言行，以其多重功能对社会成员施予各种影响。一个族群的传统文化习俗与历史背景，会在一定程度上影响其民族体育文化的形成和发展，民族体育文化是文化习俗的象征和体现，具有深刻的文化内涵和巨大的影响力。

从本质上讲，民族体育文化既是民族文化的因素，同时也是民族文化传播的主要载体。也就是说，民族文化的传递有赖于民族体育，而民族体育的发展又基于民族习俗的不断积累和丰富。因此，民族体育文化作为民族文化传播的主要途径之一，在民族文化与民族习俗的关系中扮演着特殊的角色。比如，通过民族传统体育项目的实践活动，特定社会的价值、道德规范和习俗等得以传播。民族传统体育与其所处的民族政治、经济和文化层面相互依存、相互作用。一个民族的传统文化习俗，是该民族成员世代传承相沿的共识符号，是族群内聚力和整合的象征。

民族体育文化归根结底是一种社会现象，学者们常常把民族体育文化理解为根植于日常社会生活中的与人类活动密不可分的过程，而人类的日常社会生活方式就是人类学视角下的文化。

一、孕育于民族体育活动中的文化习俗的特性

文化习俗对于民族体育的影响具有内在性质的体现，概括起来具有以下几个方面的特性。

（一）民族性

民族体育文化体现各个民族习俗的差异是一个客观存在的事实。它既指同一习俗事项在不同民族中的不同特征，亦指同一习俗事项在不同民族之中的各自演变传承。而正是各种独具民族习俗特色的民族体育活动，使各个民族的体育活动长久不衰，保持至今。

（二）地域性

在同一地区往往聚集了几种不同民族，俗语说："十里不同风，百里不同俗。"各民族间虽然有各自的民族体育文化，但基于相同地域上的自然生态环境和社会人文环境，聚集在同一地域上的各民族中就会形成超越了民族性而带有同一地域色彩的习俗特性的民族体育活动。

（三）传承性

传承性是指在时间上传衍的连续性，即历时的纵向延续性，它是民族体育文化传递的方式（传承既指时间上的纵向延伸，也指空间上的横向分布）。一个民族的习俗一经形成，就会具有一定的稳定性和延续性，虽然流传演绎而难免变异，但其核心和主旨总有沿袭着其特有的内涵和固定的仪式，代代相习、绵延传承。正因为民族体育文化具有传承民族习俗的特征，它对维系一个民族的群体凝聚力和趋同意识具有很大的效应。

（四）变异性

民族习俗在流传中必然受到历史、时代、社会、民族、地域及语言等种种因素影响而发生变异，民族习俗中的一些神话，体现在民族体育活动中，其变异性因口头语言的易变和没有物质载体而最为明显。有些神话传说跨涉几个社会阶段，又因早期的一些原始娱乐活动的场地、器材随着社会的变化而不断更新，并进而用现代的一些体育活动器材所替代。

（五）程序性

民族习俗一旦在民族体育活动中形成并得以传播，就具有相对的稳定性，而且还会成为一种程序化的固定格式，并以这一格式传承。这种固定的程序，体现了民族习俗在民族体育活动中的所蕴含的一种内在性质。这一特征在祭祀、婚嫁、葬礼等民族习俗事项的举行过程中尤为明显，形成了一套固定化的民族体育活动程序，这些民族习俗在民族体育活动中的内在展示，成为民族盛大节日和红白喜事中一项必不可少的活动内容。

二、孕育于民族体育活动中的文化习俗的功能

孕育于民族体育活动中的文化习俗的功能，是指在生命力通过自身整体结构顺应人们主观或客观的一定需要过程所表现出来的能力，可以概括地分别表述以下一些内容。

第一，它具有教育的功能。教育在文化传统的传递、选择、发现、创造中起着不可替代的重要作用，但同时教育又常常受到传统文化的影响。我国少数民族大多无本民族文字，传承于其内部的各种习俗事项，从某种意义上说，等同于他们的“史记”。而许多存在于民族体育活动中的民族文化习俗的产生、演变和发展，则在很大程度上隐含、折射了一个民族的历史过程。可以说文化习俗发展的脉络也是一个民族发展的特殊标志。在没有物质载体（例如文字）予以记录并流传的状况下，

一些民族通过以语言及行为为其主要传承手段的民族体育活动向本民族成员传播本民族的发展历史，歌颂英雄人物，以昭示后辈子孙，了解本民族的起源和发展历史。许多存在于民族体育活动中的文化习俗传承至今，无疑是活的历史教科书。在一些地区，尤其是对那些没有文字和各种教育设施的民族和人群来说，一些文化习俗事项，如神话、谚语、寓言、故事、童话、英雄传说及历史故事等便成为一种教育工具。

第二，文化强化和保持功能。存在于民族传统体育活动中的文化习俗是保持民族文化稳定性的工具。带有文化习俗性质的体育文化在特定的仪式活动中进行，通过周期性的仪式表演，加深下一代人对自己民族传统体育文化的认同和理解，同时还提醒他们作为民族的一员，在保持和延续自己文化传统上的责任和义务。各种节日、风俗、祭祀活动中不仅保存了体育文化，而且强化了人们的民族意识。例如，在现代生活中，民族与民族之间的差异似乎在迅速缩小，只有在节日活动中，人们穿上民族服装，吃着民族食品，参与各种民族游艺活动，才能产生一种强烈的民族自豪感和认同感。

第三，强化人们的行为准则。许多存在于民族体育活动中的民族习俗对其成员伦理道德有着极强的约束力和规范性。它们或以不成文的风尚习惯教诲群众，或以形成诸条文的乡规民约昭示乡里。原始的习俗、体育活动无程序、无规则，比赛简单。在一些表演项目中自觉自愿，在竞赛项目上有的根本无裁判，只是互相承认，输赢分明，人人恪守不渝。因此可以说，在民族体育活动中的习俗实具有教育乡里，遵守规范伦理的导向性。

三、文化习俗对民族体育的影响

“习俗是指人们在群体生活中逐渐形成并且共同遵守的习惯和风俗，是人类在日常生活中世代沿袭与传承的社会行为模式。”① 它是民族文化的组成部分，指的是一个民族的衣、食、住、行、生产劳动、婚

① 徐万邦、祁庆富：《中国少数民族文化通论》，中央民族大学出版社1996年版，第46页。

姻、丧葬、节庆、礼仪，等等。

习俗即习惯，是指这个民族内具有普遍性的行为。民族体育即各民族在长期社会实践中所创造积累和发展起来的带有显著民俗特点，以健身、防身、娱乐为主要目的的身体锻炼活动。

（一）民族体育来源于文化习俗，是文化习俗的重要载体

文化习俗决定了其民族体育的表现形式，决定了其民族体育的特点。文化习俗是隐形的、内在的，而民族体育是能够表现出来的、外在的。文化习俗往往通过外在的体育活动来表现。例如：满族被称为马背上的民族，善骑射，他们的婚姻习俗等也与骑射有关。新婚那天，新郎骑着高头大马，身着箭服，脚穿抓虎靴子，新娘坐花轿喜轿到新郎家时，新郎要用弓箭向轿门虚射三箭，以示驱邪之意，这些习俗也促进了骑射运动的开展。

（二）文化习俗使民族体育普及化、民族化和规范化

文化习俗以其特有的威慑和内聚力，统一着民族内部人们的信仰、意志和行动。因为文化习俗而举行的各种活动，是全族成员的共同义务，人们会通过体育竞技使这类活动在族内推广和普及。而体育活动渐渐衍生出的规则、制度，也使得文化习俗更加规范。

（三）文化习俗促使民族体育技艺难度的提高

在文化习俗借助体育的魅力渲染气氛的同时，又对体育提出要求，推动着它的发展。例如红河南岸地区的彝族，在祭祖、葬式中都要进行祭祀性的武术、舞狮和舞蹈活动，并进行比赛评比，胜者可获银花，得银花多者常被各村各户邀请，酬资也高，这就促使人们在平时日常生活中、农闲时节，组织各式各样的练习，有以村落为单位组织的舞狮队伍常年保持训练，也有以宗族祠堂组织的武馆召集本姓氏青年进行武术训练，等等。

再譬如，中国湘西大兴寨及其周边地区的抢狮习俗，是传统社会中基于狩猎采集的神灵保佑仪式。湘西大兴寨及其周边的抢狮，没有职业

化传授舞狮技能的“老师”、没有传习舞狮技术的“课堂”、更没有讲解基本技术的“教材”。每年水稻收割、晒干、收进谷仓之后，晒谷坪就转化成训练、传授、学习舞狮技能的场所。传授技能时，一般是技术水平较高的老师傅在坪中央按照传统套路演习，青年男女在旁边观看，当这些老师傅传授一套技术动作结束以后坐在旁边抽旱烟的时候，喜爱舞狮的青年男女就会上场模拟，这些青年男女模拟不得要领时，也可向旁边的老师傅请教，进而不断改进提高技艺难度。①

四、民族体育文化对文化习俗的作用

民族体育文化和文化习俗既有相交的部分，也有不同的部分。文化习俗的范围很广，包括生育习俗、婚姻习俗、丧葬习俗等，而民族体育文化只包括文化习俗中与体育相关的那一部分，它决定着文化习俗的影响力。

（一）民族体育文化丰富了文化习俗的内容

体育活动的多样性丰富了民族体育文化的内涵，也丰富了文化习俗的内容。例如云南彝族的“火把节”原意是为了祈求平安，除秽求吉，同时，也举办各种各样的体育活动，如族人旋转磨秋、摔跤、爬油杆、跳火绳等，使火把节不再是早期那种单一形态，而是一种复合的形态。

（二）民族体育文化是文化习俗的高级形态

民族体育文化具有教育功能，能增进族内人员的往来，凝聚族民情感，加强民族的内聚力和向心力，加强与各民族的联系和团结，促进民族交流；具有娱乐和审美功能，能使人放松身心、表达情感，给人以一种美的享受；具有整合功能，能引导人们趋同于同一种文化习俗。民族体育文化的这些功能，使文化习俗从“低俗”走向“高雅”。

① 白晋湘：《少数民族聚居区传统体育非物质文化遗产保护的社会建构研究——以湘西大兴寨苗族抢狮习俗为例》，载《体育科学》，2012 年第 8 期，第 20—21 页。

第二节 民族体育文化与人生礼仪

著名的人类学家维克多—特纳指出：“仪式不应该被看作是‘奇异怪诞的’，因为它的象征意义并非荒谬而突兀的。每一项具有象征意义的事物都与现实经历中的某种经验性事物相联系。”①

“人生礼仪是指人在一生中几个重要环节上所经历的具有一定仪式的行为过程，主要包括诞生礼、成年礼、婚礼和葬礼。”② 人生礼仪在人的一生当中具有重要的意义，是一种象征，一种认同。它是一种世俗仪式，关键是“通过仪式”，帮助个人通过种种生命过程中的“关口”，使之在自己的心理上以及与他人的关系上能顺利达成。通过一定的仪式让家庭、宗族等社会制度对一个人的地位规定和角色的认同，也是文化规范对他进行人格塑造的要求。就人生礼仪而言，中华民族拥有从诞生礼、成年礼、婚礼、成长礼到葬礼的完整的生命礼仪体系。

各民族的人生礼仪根植于浓厚的民族文化土壤里，蕴含着丰富复杂的文化信息，是各民族礼仪文化的具体体现，人生礼仪文化作为各民族传统文化的一个重要组成部分，对各民族的社会历史发展产生了广泛深远的影响，反映了一个民族的生活形态、风土人情、生活方式。

一、民族体育文化与生育习俗

诞生礼是指从妇女未孕时的求子到婴儿周岁这一过程中所进行的相关仪式，诞生礼包括“乞子”、“三朝”、“满月”、“百日”、“周岁”等。诞生礼仪是一个人一生的开端礼。几乎每一个民族都传承着一套与妇女产子、婴儿的新生息息相关的民俗事象和礼仪规范。一个婴儿刚一

---

① 维克多·特纳著，黄剑波、柳博赟译：《仪式过程——结构与反结构》，中国人民大学出版社2006年版，第1页。

② 钟敬文主编：《民俗学概论》，上海文艺出版社1998年版，第156页。

出生，还仅仅是一种生物意义上的存在，只有通过为他举行的诞生仪礼，他才获得在社会中的地位，被社会承认为一个真正意义上的“人”，群体与社会正是通过这种礼仪对新的成员予以接纳与承认。婴儿的诞生不仅仅是简单的一个新的生命来到世上，更重要的是小生命承载着这个家庭乃至整个家族繁衍繁荣的希望。诞生礼仪从本质上反映了一个民族对生命的重视和对家族传承兴旺的期盼。

“乞子”礼仪即高禖之祭，它是我国历史最为悠久的祭祀活动之一，源起上古，下逮近世，既作为庄重肃穆的宫廷礼仪，又属于万众狂欢的民间风俗。[①] 邢莉在《蒙古族的诞生礼和丧葬礼》一文中认为：在蒙古族的婚礼中，男子迎亲时有佩箭之俗，近代在土默特地区，喜车待发前，新郎必以此箭在车前向右方射之，过去解释为驱邪趋吉，但作者认为含有求子之意。还如在裕固族的婚礼上，在新娘进入大帐房时，新郎即用弯弓将柳条射落到新娘身上。弓箭在此有了男女交合的象征意义，而不仅是游牧民族尚武精神的写照。[②]

土家族非常重视诞生礼仪。因为，土家族人十分看重子嗣的繁育，认为多子多孙是兴旺发达的象征。土家族的诞生礼仪包括求子、孕期及庆贺生子三个阶段，这些礼俗蕴含着土家族传统文化的因子，是土家族民族个性与地域特色的标志之一。“打喜”是庆生阶段举行的仪式，通过“打喜”仪式表明新生儿被聚合到家庭和群体之中，由生物人转变为社会人，被家庭乃至家族的祖先和神灵接受。

在婴儿出生后的这一个月期间选个日子，为新生儿举办“打喜”仪式，“打喜”因生了孩子“整酒打喜时舞蹈狂欢”而得名。在“打喜”仪式上要举行一系列的庆生活动。夜里，当“打喜”仪式进行到高潮时，亲友们在脸上抹锅灰，男的戴破草帽，手执烂扫帚、破巴扇之类，女的手执手帕，通常四人同跳，男女相对，边舞边唱边笑，称为“打花鼓子”或“打喜花鼓”，主人以鞭炮助兴，异常活跃。土家人重

① 邓莹辉：《土家诞生礼仪的独特内涵及其文化意义》，载《三峡论坛》，2013 年第 4 期，第 52 页。

② 邢莉：《蒙古族的诞生礼和丧葬礼》，载《中南民族学院学报（哲学社会科学版）》，1994 年第 1 期，第 69 页。

视新生儿的出生，为其举办隆重的庆贺仪式，在仪式活动的高潮男女边舞边唱，表达了土家人对生命的重视以及他们豁达乐观的民族性格。

二、民族体育文化与成年礼

“成年礼是为承认年轻人具有进入社会的能力和资格而举行的人生仪礼”①，是一个人由个体走向社会的一道必不可少的程序。一个人，当他经过漫长的文化过程后，逐渐走向成熟，脱离了亲人的养育、监护，承担起了所在集团和社会所赋予的权利和义务。在这个时候，人们又要举行一系列的礼仪，来纪念当事人由不成熟走向成熟的过渡，这种礼仪就是成年礼仪。成年礼仪是人生礼仪中最为重要、并且具有多重特性的礼仪，是一种普遍存在的文化现象。经过仪式上的种种考验，使得即将承担社会责任的年轻人得到身心的磨炼，从而使身体和心理上具有独立迎接社会生活的能力，最后加入社会群体并取得一定的位置。现在世界的许多原始民族中，成年礼仪是一项必须通过的仪式，这些仪式都有一个共同的特点，就是对人的身体和意志的考验，并通过特定的比赛活动来完成。

据史料记载，摔跤是一项古老的运动。大约在公元前3000年的古埃及，石板上的图画就描绘出摔跤手使用与现在相同的握抱动作。如在位于非洲西部的多哥有41个部族，世代居住在北部山区的卡布列族是第三大部族，占多哥人口的13%。摔跤在多哥有着悠久的历史。古时候，多哥境内分布着许多独立的部落小王国，为了争夺土地和资源，王国之间经常发生战争。为了抵御外族的入侵和强占，求得本部族的生存和繁荣，部族首领们要求其成员苦练过硬的本领，以便在同来犯者进行激烈搏斗时摔倒并制服对方，于是摔跤运动逐渐兴盛起来。每年的7月，正是多哥北方雨季，山区气候凉爽宜人。卡布列人此时都要为部族里年满18岁的男女青年举行成人仪式。仪式既有山野的粗犷，也有田园般的温馨与神秘。标志着卡布列族男女青年已经长大成人的摔跤节和

① 钟敬文主编：《民俗学概论》，上海文艺出版社1998年版，第165页。

成熟节也在此时相继举行。摔跤节是男人的成年节。按照部族习俗，卡布列族各乡男青年都要集中在北方的卡拉，举行长达一周的摔跤比赛，每个年满 18 岁的小伙子要连续三年参加比赛，才算真正成为男人。但是，比赛结束，不论是输是赢，他们都被认为是经受了考验，部族则正式承认他们长大成人。

蹦极跳起源于南太平洋岛瓦努阿图（Vanuatu）的一种成年仪式。在太平洋南部的洋面上，有一个由 40 来个岛屿组成的国家，名叫瓦努阿图，在瓦努阿图其中一个名叫彭特科特岛上，有一个名叫蹦坡的小村庄，这里便是蹦极跳的发源地，蹦极跳是一项土著人的成人仪式，在当地已有上千年的历史了。在当地薯类收货的季节，就是每年五月份都要举办一次“死亡跳”活动。为举办这次活动，小伙子们先得花 5 周的时间用树枝和树干搭建一个高约 30 多米的“跳塔”，并在跳塔的不同高度上铺设木板作跳台，供竞跳者选择不同的高度起跳。为防止搭跳台的木头被太阳晒干，人们还在上面覆盖了宽大的树叶。跳塔建成后，准备参加竞跳的小伙子们就开始到附近的密林中去寻找合适的藤条。找到的藤条要符合两个条件：一是藤条要足够结实，以保证在竞跳时不会崩断；二是藤条的长短要合适，以保证竞跳者在下落到最低点时头部不会触及地面。进行“死亡跳”时，竞跳者先要根据自己的胆量和能力的大小选择不同高度的跳台。然后站在自己选好的平台上，双脚各拴上一根藤条，这些藤条的另一端被拴在跳塔最顶端的木架上。竞跳者首先向观众挥手致敬，然后双臂向上高高举起，随着一声长啸，双脚一跃，便头朝下地扎向地面。整个过程仅仅几秒钟。看着发梢扫地、倒挂悬空的竞跳者“掉”到人们面前，人群中爆发出热烈的欢呼声，那些早就等在跳塔下的小伙子们一拥而上，将竞跳者高高托起，帮他解下拴在双脚上的两根藤条。接着，另一个竞跳者又站在了跳台上，他像前者一样，同样向观众挥手，高举双臂，然后一声长啸从跳台上一跃而下。然后，全村男女老少围着他们载歌载舞，庆祝他们成功通过了成年考验。

赛跑游戏通常是男子成年庆典的重要仪式。例如在我国的台湾省，少数民族阿美人青年举行成年礼时，要举行隆重赛跑仪式，赛程数里，包括平地、坡地与沙地三段。参赛者上身赤裸，下身着白色丁字裤，头顶姜叶编成的环饰。首先一长者引导，最后由一位壮年男子督阵直至终点，他一手提着一只白鸡，一边奔跑，一边手拔鸡毛，往周围和落后的赛手后背抛撒，并呐喊催促说："神灵与你同在，跑啊！追啊！"白鸡在阿美人的宗教意识里是神圣之物，具有驱邪祛祟、更新生命的灵力，拔鸡毛抛撒背后，目的在于驱赶邪祟、增强体力。由于青年们参赛前经历了一段时间的劳役与饥饿的修炼，体力消耗很大，要一口气跑完数里的路程是相当艰苦的，个个大汗淋漓，面容苍白。他们的亲人沿途为其呐喊助威，鼓舞热情，还特地带来粟酒、粟糕、槟榔，为其洗尘犒劳，真是一人参赛，全家动员，气氛既庄严又热烈。到达目的地后即入海沐浴净身，祈海神护佑。这是一次斗勇与耐力之较量，优胜者被任为青年首领，因而竞争激烈。

三、民族体育文化与婚姻习俗

"婚姻是维系人类自身繁衍和社会延续的最基本的制度和活动。"①婚姻在人类文明发展史上具有维系种的延续及族群的发展和构建社会行为模式的功能。在世界各民族的风俗习惯中婚姻习俗最为复杂多样，不同国家、民族，有不同的表现。婚姻作为民俗现象，主要内容包括婚姻形态和婚姻礼仪，是一种具有特殊意义的文化形式，有重要的文化价值。

在我国的云南流行着一项傣族青年男女的娱乐活动——丢糠包，也称丢花包。丢包，傣语称"端芒管"。丢包是傣族青年男女求爱的一种形式，据《云南游记》载："夷二、三月间抛球，见美少女击之，中则结为夫妇"。丢包的地点多在村寨外的树下或凤尾竹下进行。丢的包多为5寸见方的菱形袋，绣有花纹，内装棉籽或沙，一角垂着3、4尺长的布带，制作精美。西双版纳的傣族则在泼水节期间进行丢包活动，地点则多选在佛塔下或村边平地上。丢包时，姑娘和小伙都排成"一"字形队伍，男女相应而立，相距10米左右。刚开始丢包时，两边乱抛，

① 钟敬文主编：《民俗学概论》，上海文艺出版社1998年版，第172页。

花包犹如只只蝴蝶穿梭于花丛中，大家尽情地丢，尽情地笑，直至意有所属时，花包就长了“眼睛”，朝着自己中意的小伙子飞去，小伙子有意则接住对抛，无意就避开。双方中有一方接不住的，就算输了，随便对方要自己身上带的东西。如果姑娘留下要去的东西，就说明爱上了这位小伙，暗示小伙子可以找她进一步谈情说爱了。丢包既是傣族青年男女求爱的主要形式，也成为青年人十分喜爱的体育活动。据说丢包始于明代。起初是新年时宣慰使带着他的儿子们在曼厅街上游玩时，姑娘们用自制的小包丢给宣慰使的儿子，以表示欢迎。传到清朝后期，丢包活动增加了新的内容，花包成为传情的信物，丢包活动也就盛行起来。每年的泼水节都要组织丢包活动，以后凡重大喜庆日也少不了丢包这项娱乐。清末柯树勋曾写有“抛球”（丢包）诗，其诗云：“时详衣衫趁体艳，绣球抛物早春天，邻家姊妹齐声贺，恰有多情美少年。”①

勤奋、准时、节俭、做事一板一眼、严谨善思是德国人性格特征。婚恋习俗往往能够表现出一个民族的性格特征，如德国柏林西南史特罗拜克村，男女老少人人都是国际象棋迷，姑娘的衣服上印着棋子图案，警察的袖章有棋徽标志，教堂的风向仪是棋盘形的，甚至村长手提的公文包也是棋盘造型。从 1823 年开始在小学开设“国际象棋”课，不合格者不能升级，还要罚家里的款。村子里有个象棋博物馆，珍藏着 1651 年国王威廉二世赠送给该村的棋盘和世界棋坛高手的多种纪念物、照片、传记。后来，该村又获得皇宫的一个特权——每逢国王加冕的特大盛典，村民可不向国王行大礼，而以象棋比赛作为敬意表示。棋坛高手受到全村爱戴，棋艺不仅决定人的社会地位的高低，而且是姑娘们择偶的标准。求婚者先要与姑娘试棋，胜了还要接受姐妹们的挑战。成婚前要与老丈人对弈，赢了才受到热情款待，输了则要延迟婚期，等棋艺长进再说。德国史特罗拜克村人把棋艺作为择婿的重要标准之一，通过棋艺考验男性心智水平，看他们在未来的婚姻生活当中是否有能力承担婚姻的责任。

在人类婚姻生活当中，男性被认为是家庭的保护者，特别是在远古

① 胡绍华编著：《傣族风俗志》，中央民族大学出版社 1995 年版，第 242—243 页。

时代，一个人的体力是否强壮决定了他能否生存、繁衍后代、保护家庭。因此，在世界许多民族的婚礼仪式当中，男性的体力是重要的考察内容。如在缅甸克伦青年婚礼仪式中，有些地方新郎的伴送人一路上要将花草树木都砍倒，表示新郎是威力无比的象征。然而，新郎刚到女家门口，往往会被女方的伴娘和其他姑娘拦住去路。这时，她们拿出半米长削得光溜溜的上面抹着油的竹筒跟新郎进行拔河比赛。如果新郎能赢，姑娘们才让他进女方家门。因为竹筒上抹着油，很难抓得住，而姑娘们手执的一端却穿上绳子，可以攥死，新郎自然要输的。这时，新郎就被堵在门外，只好由陪新郎来完婚的长者出面，向堵门的姑娘求情，并出赏钱请姑娘们关照。自然，姑娘们收了赏钱，也就不再阻拦新郎进门了。突尼斯西北部的江都巴人在婚礼上通常要玩一种木碟游戏。参加婚礼者每人手里拿一摞，竞相抛向新郎，看谁击中新郎的数量多。这种游戏往往使一些参加婚礼的男女受伤，但新郎需咬紧牙关，默默承受四面八方飞来的木碟的袭击，以显示自己男子汉大丈夫坚韧不拔的英雄气概。

新疆哈萨克族作为著名的养马部落，在今天的克烈人中，仍延续着有婚约签订后必须进行马上比赛的习俗。根据这一习俗，克烈青年只有在力量、灵巧和耐力比赛中战胜自己的未婚妻才能结婚，这与古代文化著述中记载的婚礼时的马上比赛与游戏“克兹—鲍里”、“沃杀克杰瓦”极为相似。历史学家阿·赫·马尔古兰认为“克兹—鲍里”这个名称本身应该是作为氏族观念的古代图腾的演变，克烈人作为婚礼上的比赛形式的姑娘和小伙子的比武马上游戏应该可以认定为现代哈萨克“克兹—库乌”（姑娘追）的雏形。现今，克烈人的马上比赛已经发生了变化，更多的是以娱乐活动的形式出现在伊斯兰教宗教节日及婚嫁等场合。

满族早期的婚礼仪式，也有骑射表演。满族婚嫁聘礼，主要是弓箭马鞍。新婚那天，新郎骑高头大马，身着箭服，脚穿抓虎靴子，新娘坐花轿喜轿到新郎家时，新郎要用弓箭向轿门虚射三箭，以示驱邪之意。满族的服饰和婚俗中反映出游牧民族崇尚骑射的遗风。

高山族的背篓球、侗族的“哆毽”（飞花传情）、壮族的抛绣球等，各民族把两性情爱的传统表达方式经过提炼和加工，形成生动活泼、情趣盎然的体育娱乐活动，把竞技与娱乐天然地融合在一起。

四、民族体育文化与丧葬习俗

大概在旧石器时代中期就出现了丧葬习俗，与这个时期人类的灵魂崇拜有密切的关系，反映了生者对死者的缅怀，起到送死助生的作用，让死者的灵魂平安的走向阴间，到达幸福的彼岸世界，同时希望死者的灵魂保佑生者平安、幸福、健康、快乐。通过丧葬礼仪，人们进一步认同和加强了血缘或家族关系，增强了氏族或家族内的团结，起到了教育本族成员、强化亲缘观念的作用。在庄严肃穆的气氛中，丧葬礼仪中的一系列活动内容，每一位丧礼参加者都对本民族历史及传统文化获得深刻的领悟，起到了对民族文化传承的作用。丧葬礼仪使人们能够对死亡有正确的认识和理解，教育人们善待生命、树立乐观的人生态度、孝敬父母、孝敬长辈、敬畏神灵、敬畏自然。

彝族武术多出现在民族的祭祖典礼和丧葬仪式中，其表现形式具有庄重肃穆、扑朔迷离的祭祀性色彩。在各地彝区的“祭祖”或“葬式”中，武术的表演最为普遍。人们看来，武术最能体现家支的强盛和族员的勇武，因而是愉悦和告慰祖先亡灵的最佳形式。例如小凉山一带彝族在长辈去世数年后，要对其亡灵举行特殊的超度仪式。仪式中人们要历数祖先的业绩，并且主家还要集合数十名青年男子与前来参加祭祀的家支亲朋作象征性的“厮杀”、“格斗”，以展现死者子孙和家支的强盛、勇武。

第三节　民族体育文化与岁时节庆习俗

无论民族大小都有自己传统的节日和时令庆祝活动，它的形成与发展，经历了十分漫长的历史。岁时节庆与农业文明息息相关，记载着人类祖先对自然规律的认识和把握，表现了各个不同历史时期经济、政治、社会、科技发展的水平。因此，岁时节庆是涉及面广、内容丰富的重要民族习俗之一。它是民族文化生活最直接的表现形式，是对一个民族传统生活集中而充分的展现，是一个群体精神和价值表达的代表，它是一种展示民族文化整体面貌的社会行为。岁时节庆具有极强的民族凝聚力，它可以把拥有共同文化传统的成员黏合到一起，并产生巨大的亲和力与认同情感。岁时节庆对应着一种持续着的传统社会基础，它是维持社会结构的和谐、推动传统社会前行的动力。岁时节庆有相对固定的节期和特定的民俗活动，表现了自然规律对人类生活的制约及人类对大自然的适应和把握，从中可以看出岁时节庆风俗的演变和发展，经济、政治、社会、文化、战争、科技等诸多因素都在发挥着作用，是一个历史文化积淀的过程。

民族传统节日具有文化和政治建设的参与作用，民俗节日往往包含了一个社会对传统的、理想的日常生活技术和艺术方面的期待，具有美学意义的表演形式和社群中最出色的表演者，因此节日表演可以展示民族的欣赏经验和欣赏品质。

岁时节庆习俗反映了各族人民丰富多彩的社会生活，它的发展与不同时代各族人民的生产方式、生活习惯、心理特征、审美情趣和价值取向密切相关。民族体育是各民族社会生活的一部分，在各民族的岁时节庆习俗中多有体现，并随其传承、变异、积淀与发展，可从民俗活动中探寻民族体育的演变过程及发展规律。岁时节庆习俗中民族体育的形成和发展，与各民族的自然环境和人文环境密不可分，因此也造就了各具特色的民族体育形态，共同构成了丰富多彩的民族体育文化。

一、以时令庆典为主要内容的民族体育文化

时令节日与四季的气候变化直接相关，与历法的产生密切联系在一起，这类节日在民族节日中最为普遍。如汉族、满族的春节、清明节，藏族的望果节，高山族的丰年祭，等等。

春节是中华民族最为隆重的传统节日，其持续时间长、内容丰富多彩。壮族、侗族、布依族等，从正月初一到十五，举行舞狮活动。狮子

用竹篾做成框架，其上覆布，由两人共同表演，一人舞狮头，一人摆狮尾，进退、摆动、跳跃都必须紧密配合，舞姿有酣睡、苏醒、左顾右盼、欢跃、舐脚、搔胸等，最精彩的是狮子滚绣球，狮子从高处跌落下来，翻身又起，在紧锣密鼓之中，气氛非常热烈。壮乡在春节期间还有舞春牛。春牛是用竹子扎成糊纸，牛头用黑布缝制，在一个空旷的地坪上表演。两人钻进牛身，脚上套着布套，仿佛是四支牛腿，另一人执犁在后紧跟，扮演牛耕的各种动作，人们唱起“春牛歌”，预祝风调雨顺，六畜兴旺，五谷丰登。

丰年祭是台湾少数民族最隆重、规模最大的传统祭典，和汉族的春节地位相当。丰年祭又称为“丰收节”、“丰收祭”或“收获节”，由于居住环境及种植作物不同，农作物的成熟期、收获期也不同，因此各地的节期也不尽相同。但是，都有共同点，就是在收割、尝新、入仓等收获的各个环节开始或结束时，都举行相应的祭祀仪式，向祖先神灵祷告，祈求保佑农作物顺利收获，并预祝来年五谷丰收、人畜两旺。泰雅人的丰年祭，是把传统的狩猎祭与收割祭二者合起来举办，每年农历八月下旬举行。这时已是农闲时期，男子入深山打猎，至下弦月将止时，携带猎物回家，女子也在丰年祭前织布、制小米酒。丰年祭当日，族人集聚于部落广场跳舞狂欢，以猎获的兽肉聚餐，下午跳舞狂欢时，由头人向族人宣布恩爱的男女青年将结婚成对，其他年轻人不得再追求，以成全他们。日落前活动即将结束时，由头人念祭词，感谢上天的保佑，期盼明年更大丰收。

泰雅人的舞蹈模拟生活中的各种姿态，表现祭祀、收获、渔猎等方面的生活状态与习俗。能歌善舞的泰雅男女，常在舞蹈时左右摇摆上身，伴以顿足、招手、摇臂和相互调笑的夸张动作，跳出复杂而具有特殊风格的舞蹈。传统的丰年祭活动中，泰雅族人所进行的活动还有捣米、负重、射箭、越野赛跑、摔跤等，多半是与早期生活有关的活动项目，场面非常热闹。

二、以纪念历史人物为主要内容的民族体育文化

端午节是很多民族共有的节日，端午节的初始之意是驱瘟、除邪、止恶气，到了汉末魏晋之时，增加了纪念历史人物的内涵。如吴越传说是纪念伍子胥、山西一带传说是纪念介子推、南方楚地是纪念五月五日投汨罗江的屈原。屈原的爱国精神和高尚品质为人所共仰，因此人们为了纪念这位爱国诗人，便每年沿袭此举以凭吊忠魂，逐渐形成端午节赛龙舟、吃粽子、躲午、悬艾蒿和菖蒲、带香包、挂钟馗像、驱五毒、饮雄黄酒、百草煎水洗澡、缠五色丝、挂荷包等活动。端午节的高潮是赛龙舟。自古以来，龙舟竞渡都十分隆重。凡地近江河湖泊处，大都举行龙舟赛会，在汨罗江畔，每年都要举行竞渡仪式。人们先到屈子庙朝拜，再祭龙头，然后开始龙舟竞赛。参赛船只一字排开，船以颜色不同而分别命名为青龙、黄龙、白龙等。各船及其旌旗罗伞、船桨和划手服装俱为同一颜色。一声炮响，船似箭发，两岸欢呼，锣鼓齐鸣，真是热闹之极。各地在竞渡之后，还有夺标习俗。标分鱼标、鸭标、铁标等多种，如以鸭为标，投于河中，各参赛船满河追捉鸭子，别有情趣。

傣族是我国西南边疆一个古老的民族，生活在气候炎热、雨量充沛、风光旖旎、江河纵横、物产丰富、树木参天、竹林婆娑的自然环境之中，优美的自然环境孕育了傣族文化，傣族文化流露出水的意蕴、水的韵律、水的灵性、水的体验、水的祝福和水的寄托，傣族与水有着与生俱来的联系。据云南广南出土的铜鼓上的龙舟竞渡刻画及傣文《泐史》的记载推定，云南傣族赛龙舟至少有2000年的历史。而傣族的龙舟竞渡则是源于另外一个美好的传说，传说很久以前，勐巴拉地方在一个凶残的国王统治之下，老百姓过着暗无天日的生活。国王有七个女儿，其中六个女儿都嫁给了邻国的王子，只有小女儿自己做主嫁给了穷小伙儿岩洪窝。国王多次设计想杀害岩洪窝，均未得逞，最后向七个女婿提出要划船比赛。国王和六个王子划的均是大船，比赛中都向岩洪窝小船撞来，企图害死岩洪窝。突然，岩洪窝的小船变成了一条龙，大船被撞翻，国王被淹死。乡亲们推选岩洪窝为新的国王，从此过着美好的

生活。人们为了纪念这个清除民害的日子，每到傣历年，便举行划龙舟比赛以示纪念。每年傣历六月二十四日至二十六日（公历的四月十三日至十五日左右）是傣族的年节——泼水节。第一天“桑刊日”，意思是送旧，一年的除夕；最后的一天是迎接“日子之王”的到来，即新年元旦。中间的几天是介于两年之间的空日。傣历新年（泼水节）是傣族人民最隆重的节日，赛龙舟是年节里最崇尚的活动，傣族人民身穿节日盛装，欢聚在澜沧江、瑞丽江畔，举行龙舟赛。龙舟赛前，祭师将焚香杀鸡祭献龙王，祈求保佑风平浪静，竞渡获胜，保佑来年风调雨顺，获得更大丰收。龙舟用铁椿木制成，两头尖并向上翘起，船身上画有华美的彩纹，披红挂彩，在木雕的龙尾上插 1 根饰有彩带的竹竿，每船有 50 ~ 80 人，水手们分坐两排，船身及龙颈涂满了美丽的色彩，分为“火龙”、“银龙”、“彩龙”、“乌龙”、“青龙”，等等。参加赛舟的小伙头上缠一块红锦，比赛时，舟中间站立 1 人击铓锣指挥，船头有几名健壮的选手手握龙角，在铓锣声中有节奏地把龙头压低，船尾有 3 个人站立着用桨掌舵，其余选手分坐两排，在铓锣声中有节奏地操桨划船，口中发出“嗨！嗨！嗨!”的号子声，奋力将龙舟划向对岸，在规定的范围内，哪一队先到达目的地为胜。除此之外还有筒裙龙舟队，顾名思义也就是女子龙舟队。她们的龙舟比男队的更华丽，船身涂黄色的龙鳞，龙头上伸出两对长而弯曲的象牙，栩栩如生。

傣族人民一般在傣历的新年和泼水节还要放高升。高升，傣语称为“蛮菲沙萝”，意即“飞火筒”。有关高升的来历传说很多，流传较广的是：古时有个英雄名叫帕雅碗，为了向天神英达提拉报告人间的灾难，他用木板做成翅膀飞到了天庭，不幸撞死在天庭门口，他的英雄事迹感动了人们，人们就在傣历新年放高升，以纪念这位敢于为民请命，敢于为人间消灾除难的英雄，以后便相沿成俗，留传至今。现代人放高升多用它表示除旧迎新，或是送走火神以避火灾，人们更希望高升把人间的灾难、疾病随高升带到天空，使人间六畜兴旺，五谷丰登，吉祥如意。高升是用竹子做成的，先将竹子分节砍断，不能有丝毫破损，然后在一节节的竹子顶端打上孔，填入火药，装上引绳，最后把这些竹节孔眼朝下绑到 2 至 3 米长的细竹竿上。放高升时先在江边搭 15 ~ 16 米高的竹台，上面插上小红旗。傣族小伙一边跳着马鹿舞，一边把高升抬上竹台，点燃引绳，高升便腾空而起，这时就看谁的高升飞得又高又快了。放高升讲究的是技巧，否则，不但飞不高，还会发生爆炸。此外，放高升还有很多花样，如分级火箭、单响、双响、空中响、落地响等。

三、以祭诸神为主要内容的民族体育文化

人类对自然崇拜、灵魂崇拜，把大自然当作超凡的神力加以崇拜，日月星辰都是人们崇拜的对象，古人相信人死之后，灵魂不会消失，会保佑或庇护子孙。在我国，各民族在规定的时间内都有针对自然和祖先的崇拜活动，这些活动内容丰富多样。媚神、娱神的表演形式具有愉悦身心的功能，展示了各民族的欣赏经验和欣赏品质。

堆沙原是傣族祭奠创世神“捧麻远冉”的一种宗教活动，据说有1600多年的历史。主要是对祖先和英雄人物的敬仰、崇拜以及祈求其庇佑。现已演变为傣族人民增进相互了解、团结友爱的一种体育活动。堆沙主要在每年的泼水节进行。届时，男女老少清早便沐浴更衣，来到寺庙赕佛，在寺院中用沙堆成三、五座宝塔，高约3、4尺，塔尖插几根缠着彩色纸条的竹枝，然后围塔而坐，聆听佛爷诵佛经和历史传说。堆沙活动既能锻炼身体，发挥人的智能，又能陶冶情操，给人以美的享受。

彝族以十月历为历法，每到年终岁月交替之时，都要举行祭祀天地神祖的仪式。为了表现年岁往来复始的自然景观，要举行打陀螺（象征时日的复始运动）的活动。其他祭祀中，还有跳高脚马、跳火绳、耍龙、耍狮子等活动。居住在昆明西山区谷律一带的彝族，每逢阴历正月十五要祭星神。届时，族民们便端上猪肉、美酒，聚集在场院秋千架下烧香磕头，祈求星神保佑。祭典仪式完毕后，人们还要踏上秋千荡秋。

在哈萨克语言中，“Kün”既有“天”的含义，又有“太阳”的意思。河拄人甚至认为太阳是天之子，河拄先祖中有以“Kün × han”为号的统治者。在现今尼勒克河拄部落的牧居地，我们依然可看到不少其

先祖崇日的遗迹。例如，有不少坟茔的外形呈太阳形状。太阳形坟茔的外围还筑有一层用石块扎入地面的圆形护圈。另外，坟顶上的石堆也是圆形的。每逢节日庆典，河扗人都会举行一种名为塔斯库托尔的祭祀体育活动。塔斯库托尔在汉语里意为举石，就是由敬日习俗发展而来的一种体育活动。石头是经过挑选的，重量达300斤左右，呈圆形，赛前给石头周围涂上油腊，使之十分光滑，给参加者增加难度。比赛情况是：参加者抱起石头后，绕场子对面的大杆走一个来回，距离大约10米，然后把石头放回原地，就算成功。另一种比赛形式是原地双手抱起石头，当高度达到腹前时，再将石头从左或右腋下放于后背上，走完规定的圆圈图案后，扔地落石，从中可以看出塔斯库托尔实际上是古代河扗先民太阳崇拜的变异，即由最初的纯太阳的崇拜，演变成今天这种形似太阳崇拜有其实用意义的体育比赛形式。

参考资料

1. 徐万邦、祁庆富：《中国少数民族文化通论》，中央民族大学出版社1996年版。

2. 维克多·特纳著，黄剑波、柳博赟译：《仪式过程——结构与反结构》，中国人民大学出版社2006年版。

3. 钟敬文主编：《民俗学概论》，上海文艺出版社1998年版。

4. 胡绍华编著：《傣族风俗志》，中央民族大学出版社1995年版。

5. 张涛主编：《中国少数民族传统体育文化概览》，中央民族大学出版社2008年版。

6. 于学岭、远村、宏鉴：《奇妙纷呈——中外民族体育》，海南出版社1997版。

7. 祖菲娅·吐尔地：《新疆哈萨克部落体育文化同源性与异质性研究》（硕士论文），新疆师范大学，2012年2月。

8. 张远满：《土家族诞生仪式研究——基于清江中游土家族“打喜”分析》（硕士论文），中央民族大学，2011年4月。

9. 袁同凯：《传统文化习俗与学校教育——教育人类学的视角》，《西北民族研究》，2009年第1期。

10. 白晋湘：《少数民族聚居区传统体育非物质文化遗产保护的社会建构研究——以湘西大兴寨苗族抢狮习俗为例》，《体育科学》，2012年第8期。

11. 邓莹辉：《土家诞生礼仪的独特内涵及其文化意义》，《三峡论坛》，2013年第4期。

12. 邢莉：《蒙古族的诞生礼和丧葬礼》，《中南民族学院学报》（哲学社会科学版），1994 年第 1 期。

13. 林伯原：《论中国岁时和礼仪民俗中的传统体育》，《北京体育学院学报》，1993 年第 1 期。

14. 杨贵兰：《瓦努阿图的“死亡跳”》，《环球时报》，2000 年 10 月 13 日第 9 版。

14. 《读者》，《人民日报海外版》，2003 年 2 月 17 日第十一版。

15. 孟慧英：《传统节日的性质、作用及其发展》，http：//mianshanchina. blog. 163. com/blog/static/5191471320083704825380/，2008－04－0712：48：25。

第五章　民族体育文化与宗教

第一节　原始宗教形态下的民族体育文化

根据考古材料发现，在旧石器时代，最迟不晚于旧石器时代中期，人类已有了宗教信仰的萌芽。当时由于生产力水平低下，生产活动方式简单，对大自然的变化规律认识极为有限，所以人们相信在现实世界之外，还存在着超自然、超人间的神秘境界和力量，主宰着大自然和现实社会，人们把天灾疾病归咎于来自于神秘境界的神秘力量，因此对之敬畏和崇拜，为了取悦这些超自然的事物，便产生了原始宗教祭祀活动。生存是原始人类最根本、最重要的需要，因此最初崇拜的是与生产、生活密切相关的自然物和自然现象，把它们神灵化、人格化并加以崇拜。随着生产力水平及人的思维概括能力的提高，私有制、阶级和社会大分工的相继出现，导致了整个社会的根本变革。宗教也从自然崇拜发展到图腾崇拜、鬼灵崇拜、祖先崇拜和神灵崇拜，由多神崇拜发展成至上神和绝对唯一神，氏族宗教、部落宗教发展成为民族宗教、国家宗教和随后的世界宗教。

"宗教既是一种信仰实践，又是一种社会力量，也是一种生活方式。"① 原始宗教是原始社会一种有力的世界观和意识形态，与人类的物质和精神生活各个领域和层面有着千丝万缕的联系，影响着人类生活的各个方面。宗教有四个基本要素："一是宗教的观念或思想；二是宗

① 林耀华主编：《民族学通论》，中央民族大学出版社 1997 年版，第 456 页。

教的感情或体验；三是宗教的行为和活动；四是宗教的组织和制度。”①宗教的行为和活动中的献祭、祈祷和宗教礼仪活动，既达到了宗教活动的目的，同时仪式的参与者进行了自愿的身体活动，体现出宗教仪式活动的双重性，既娱神、慰神，又娱人。这些宗教活动从客观上实践了体育的行为，包含和孕育了原始体育活动的萌芽和雏形。

在原始宗教时期，人们崇拜图腾，人们的主要宗教活动是巫术和法术。人们幻想以特定的动作，如模仿性的舞蹈来控制、影响自然现象。这些经常性的、大运动负荷的、高激情的舞蹈和活动，客观上实践着体育的行为，实现着原始体育的功能，巫术和法术包含和孕育了原始体育活动的萌芽和雏形。

一、自然崇拜与民族体育文化

原始社会是人类靠采集、狩猎生存的时期，自然力与人们的生存密切相关，但是人类对自然力的认识极为有限，面对变幻莫测的自然现象，人们感到软弱无力。因此，造成原始人对自然现象怀有依赖、惧怕而又崇敬的矛盾心理，同时对自然现象产生了许多希冀，希望得到它们的帮助、庇护，并通过一些方式控制自然，达到生存的目的。所以，相信万物有灵，把自然现象神化。原始人类赖以生存的是自然，对他们的生存造成直接威胁的也是自然。因此，自然崇拜成为原始人最早的宗教。

在这种思想意识的支配下，原始人类对自然力采取了祈求、讨好、献媚、取悦、膜拜的态度，通过种种形式感动大自然，幻想用各种特定的动作，模仿性的舞蹈、竞技、角力，用这些外在的行为实现人神的交流，把人的愿望告诉神。“在大自然中，原始人群普遍崇拜的对象是土地、天体（日、月、星，天空中发生的云、雾、雨、雪、雹、雷、电、

① 徐万邦、祁庆富：《中国少数民族文化通论》，中央民族大学出版社 1996 年版，第 264 页。

风）、山、石、河、水、火等。”[①] 如水族的敬霞节，分别有每隔6年、12年过一次的不同传统日期，过节时间在水历9月、10月，即农历四月、五月。水族拥有自己民族的天文历法，水历是水族的一种传统历法，以阴阳合历为依据，加进了天干地支和阴阳五行。水历把一年分为十二个月，四个季节，三个月为一季。水历实际上和农历差不多，只是岁首的时间不同，水历的岁首是戌月，即农历的九月，水历称戌月为“端月”，含有开端起始的意思。敬霞即是敬拜水神，是原始宗教崇拜的一种形式，在“敬霞节”祈雨的祭祀活动中，青年们在刚插上秧苗的稻田里扳腰摔跤，弄得浑身泥水、秧苗稀烂也在所不惜。水稻耕作是水族生计方式的核心，其他粮食作物还有小麦、玉米、小米、红薯、红稗等，水族的各种文化活动有典型的农垦特色。因此，在敬霞节水族青年通过角力活动，取悦神灵，祈求风调雨顺，五谷丰登。

二、动植物崇拜与民族体育文化

动物植物是原始人生存的主要食物来源，与原始人的生存息息相关，因此动植物成为他们敬畏的对象。“一个部族或民族生活于其中的特定自然条件和自然产物，都被搬进了它的宗教里。”[②] 在原始社会，人的生存完全靠大自然，采集和狩猎是时而有收获、时而无收获，有时可能还会受到动植物的伤害，生活是没有保障的。因此，人们经常怀着期待的心理，幻想着自己能够得到想获取的自然物的支持。当人们狩猎和采集获得满意的收获时，人们认为获得了自然物的支持，便对其表示感谢；人们在狩猎的过程中肯定要伤害动物，在采集的过程中有时会伤害到植物，为了免遭报复，就要表示歉意和安慰。原始人为了表达他们对动植物的感谢、歉意和安慰之意，通过模仿动植物的表演取悦自然物。如阿昌族“会街”节的要青龙、白象，阿昌族视青龙、白象为吉

---

① 徐万邦、祁庆富：《中国少数民族文化通论》，中央民族大学出版社1996年版，第266页。

② 马克思等著，中共中央马克思恩格斯列宁斯大林著作编译局译：《恩格斯致马克思》（《马克思恩格斯全集》第27卷），人民出版社2008年版，第63页。

祥、幸福的象征，是典型的动物崇拜。会街前，要扎好青龙、白象。会街这天，当天空霞光初露，小伙子们便身背户撒长刀，挎着象脚鼓，姑娘们身着娇艳的民族服装，在鼓乐和鞭炮声中簇拥着披红挂绿的青龙、白象进入会街节广场。当主持节日的长者宣布节日开始，顿时，鼓声、铓锣声、钹声交织成一片。青龙、白象也活跃起来，青龙时而摇头、时而摆尾、时而张嘴欢笑；白象时而甩动长长的鼻子，时而前进，时而后退，接着滑步、下跪、后仰、前倾，笨拙的憨态引起人们一阵阵哄笑。此时，姑娘小伙子们便围着青龙白象翩翩起舞。他们双脚跳跃挪动，身体像波浪般的起伏，边跳边蹲。此时，鼓乐齐鸣，龙舞、象跃，一片欢腾。通过模仿动物的舞蹈，希望引起崇拜物的共鸣，保佑族人六畜兴旺。

三、祖先崇拜、鬼灵崇拜与民族体育文化

“在原始社会里，一般是先有鬼灵崇拜，然后才有对祖先的崇拜。”① 原始人认为，鬼灵是脱离开人肉体的灵魂，鬼灵可以附着在其他物体上，他们生活在自己的世界里，但是他们可以与人世发生联系，鬼灵可以帮助人类，也可以危害人类，因此人类崇拜他们。原始人要想与鬼灵沟通，需要通过一定的中介。“祖先崇拜是鬼灵崇拜的发展。除鬼灵观念之外，血缘亲情观念也使人相信，祖先的鬼魂是会保佑子孙后代的。所以祖先的鬼灵（魂灵）被当作善灵来尊敬。”② 但是，善灵也有双重性。李亦园先生在分析泰雅人祖灵时认为：“祖灵”原则上为子孙的监护者，但并非只有保佑而无责罚，更非无条件地赐予恩惠，而是基于子孙是否能遵照祖先所定的法则制度而定赏罚。祖先所定制度规则涉及道德准则、祭祀禁忌等，凡子孙能遵守规则者，即赐予身体健康、农作丰收、多猎野兽，如未能遵守规则而行为不端者，则惩以疾病、

①② 徐万邦、祁庆富：《中国少数民族文化通论》，中央民族大学出版社 1996 年版，第 268 页。

歉收。[1]

如高山族信奉的是原始宗教，“相信万物有灵是高山族原始宗教产生和存在的思想基础。各个不同的族群除相信宇宙由天神、太阳神、月亮神、风神、雷神、雨神、地神、水神、火神、山神、海神、河神等诸自然神灵主宰之外，还相信人体或人体的各个器官都有灵魂在控制，人的睡眠、做梦、疾病、出生、死亡、吉、凶、祸、福等都是灵魂作用的结果。人灵被分为活灵与死灵；善灵与恶灵。人死后灵魂不灭。”[2] 所以，高山族的宗教世界中是一个灵魂崇拜的世界。高山族认为万物皆有灵，其中祖灵崇拜是其原始崇拜的核心与支柱。高山族的许多部落把自己的祖先奉若神明，顶礼膜拜。他们认为祖先带领族人，从事狩猎、农耕、捕鱼，为部落的生存和发展竭尽全力。在他们死后，他们的灵魂对其子孙具有关爱和保佑的能力，同时对子孙的不轨行为进行惩罚。因此，在农事、捕鱼、狩猎和各种祭祀庆典之前，要先祭祖灵。

高山族中的排湾人把刺球作为祭祀的重要仪式，排湾人的“五年祭”是为了接受始祖灵（祖先）带来的农耕、狩猎、出草等的幸福而举行的，每五年聚集族人，共同祭祀祖灵的盛会，通常是在粟谷收成后的七、八月间举行。祭前，主祭司率领精壮青年到竹林挑选竹子，砍下来制作刺球用的长枪。祭祀用的长枪称为“朱古亚特”，由大小两根或大中小三根竹子接合而成，末端削尖锋利如剑，有些长达四五十尺。最长的长枪由头目来用，男祭司用的长枪称为“沙吉姆吉”（神的名字），非常的短，上面缠着红布和铃。球称为“卡普隆”，长老在家用相思树皮或葛藤缠成，直径大约五寸，系上一条长长的藤绳，藤球制成后，老人还给它起名，有的用传统的作物（粟、芋等），有的用捕获的野兽（鹿、熊等），有的用家畜，有的用敌人或英雄的名字来命名，由一位德高望重的长老将“卡普隆”高高抛上天空，一边高声呐喊：“粟谷哟！”“山芋哟！”“熊哟！”每抛一次，喊一个象征吉祥的名字，青年们

---

① 李亦园：《祖灵的庇荫——南澳泰雅人超自然信仰研究》，载《民族学研究所集刊》，第十四期。

② 何大勇：《论高山族的原始宗教》，载《世界宗教研究》，2005 年第 3 期，第 143 页。

持竿竞相刺向抛落下来的藤球，刺中者表示承受从天而降的各种幸福，即被视为英雄，头目上前敬樽，观众纵情欢呼，刺中者退出赛场，没有刺中的人继续刺球，直到人人刺中目标，获得祖先及神明的庇佑，比赛方告结束。有些女祭司把刺球的长枪称为梯子，认为幸福会从天上沿着长枪降下来。①

追溯刺球的宗教文化渊源，它来源于高山族灵魂崇拜中的敌灵崇拜。高山族的族群中，除个别族群外都有猎头的习俗。当农作物成熟之前，部落首领率族中的勇猛之士，潜伏在林间草径，或到异族的村舍，猎取人头，用猎取的人头回村献祭。“原先猎首的目的，在于祈求风年，后来发展到表达爱情，决断诉讼，或者比试勇武。他们深信，敌人的亡灵具有特殊的魔力，既能庇护本族人寿年丰，又有威慑、抵御甚至杀死异族外敌之力。”② 由于猎头是高山族特有的习俗，所以猎头往往在不同部落或支系之间进行，结果引起被杀者血亲的报复。据历史记载，被杀的子嗣在服丧期满后，必出杀人，取首级祭奠自己的亲人。这种猎头的习俗，严重影响了高山族人口的增长。后来，随着与其他民族交往的日益增多，特别是一些有识之士的努力和清朝政府不断禁止，猎首陋习才逐渐地消失。但是，猎首的深层动因是祭祀神灵，以此祈祷来年五谷丰登、六畜兴旺，因此改用草、藤、竹编的球代之继续进行这项祭祀仪式。随着时间的推移，逐渐演变成今天娱乐性的活动。

四、图腾崇拜与民族体育文化

“图腾”在原始社会是氏族之徽号或标志，同氏族的人相信自己的群体是由图腾物演生而来的，因而对之进行崇拜。

为了表达对祖先的思念、对美好生活的向往和获得祖先的庇护，进而获得安定团结和幸福美满的生活，氏族成员往往在特定的时期和特定

---

① 毕仲春、陈丽珠：《高山族之传统游戏——刺球》，载《体育文化导刊》，2004 年第 1 期，第 77 页。

② 许良国、曾思奇：《高山族风俗志》，中央民族学院出版社 1988 年版，第 67 页。

的场所举行大型的图腾祭祀活动。民族传统体育项目在过去仅仅是各民族图腾祭祀过程中的一个仪式。或者说，现存民族传统体育活动只是从民族图腾祭祀活动中延伸出来的一种独立文化形态。

“图腾”（totem）一词是北美印第安阿尔蓑琴部落奥吉布瓦方言“totem”的中文译名，其原意为“亲属”、“亲族”等。“图腾的实体是某种动物、植物、无生物或自然现象。”[①] 图腾代表或象征什么？一些研究者根据自己所调查或研究的民族的“图腾”的含义，给“图腾”下了各种定义。何星亮先生在《图腾与中国文化》一书中，综合了历史上各民族图腾崇拜的含义，给“图腾”下了一个具有广泛性的定义：“图腾是某种社会组织或个人的象征物，它或是亲属象征，或是祖先、保护神的象征，或是作为相互区分的象征。作为图腾的象征物可以是动物或植物，也可以是自然现象或无生物。”[②] “图腾崇拜是自然崇拜或动植物崇拜与鬼灵崇拜、祖先崇拜相结合的一种原始宗教形式。外在表现是把自然崇拜和动植物崇拜作为直接崇拜对象；而崇拜观念却具有鬼灵崇拜和祖先崇拜的内容。”[③] 图腾崇拜作为一种文化现象，同样也是人类和社会的需要。正像费尔巴哈所说：“动物是人不可缺少的、必需的东西；人之所以为人要依靠动物；而人的生命和存在所依靠的东西，对于人来说就是神。”[④] 原始人把动物看成自己的亲属，认为自己与动物有血缘关系。正是有了血缘关系，这些兽亲属就会像人亲属一样不伤害自己，并且能够像自己的父母、兄弟一样还能保护自己。如以虎、狼、熊、牛、狗、蛇等动物为图腾，视它们与自己的氏族有血缘关系；这种崇拜不是对某个动物个体的崇拜，而是对整个种类的崇拜。

如中华民族的龙崇拜是典型的图腾崇拜。“龙文化是中国传统文化中源流最为久远的文化现象之一。”“龙是中国最为神圣的动物神，也

---

① 何星亮：《图腾与中国文化》，江苏人民出版社 2008 年版，第 4 页。

② 何星亮：《图腾与中国文化》，江苏人民出版社 2008 年版，第 6 页。

③ 徐万邦、祁庆富：《中国少数民族文化通论》，中央民族大学出版社 1996 年版，第 269 页。

④ 费尔巴哈：《宗教的本质》（《费尔巴哈哲学著作选》下卷），三联书店 1962 年版，第 438—439 页。

是中华民族的象征。”中国被称为“龙的故乡”，中国人被称为“龙的传人”。“从七八千年前到21世纪，龙崇拜经久不衰，其延续时间之长，史无前例；从古代帝王到平民百姓，均把龙视为主宰雨水之神或保护神等。”①

在远古时期人类对天地间千变万化的自然现象无法解释，神奇的大自然既给人类带来了丰富的物质财富，使得人们繁衍生息，同时又给人类带来无法抗拒的自然灾难。面对千变万化的大自然，人类希望能有控制自然的力量，人类通过这种力量，经过一些具体的形式让大自然感受和领会到人类对其的崇拜，从而风调雨顺。

生活在水乡的人们对水有着特殊的感情，俗话说水能载舟也能覆舟，要想风调雨顺、五谷丰登、鱼虾满仓，需要有一个司水理水的神。而龙有喜水、好飞、善变、征瑞等神性和兴云布雨、司水理水的神职。既然有这样的神性和神职，被生活在江渎河流、湖泊星罗的水乡各族人民所崇拜就是再自然不过的事情。崇拜意识必然要外化为具体行为。这些行为包括：祭神，将人间美味敬献给神灵，并伴之以香火，让其款款享用；娱神，歌唱、舞蹈，想办法使神快乐；拟神，模仿神的举止形态表示自己和神有密切的关系，自己身上已禀赋了“神性”，从而能够“神灵活现”，人们相信通过声势浩大的龙舟竞赛，能使天上水中的神龙心神感应而大娱大悦，从而焕发神性，恪尽神职，保佑一方水土风调雨顺，稼渔丰成。同时，也使人们自身禀赋龙性，像龙那样强悍矫健，进而祛邪弥难。作为最主要的生产和生活的工具——舟，是敬神娱神媚神的最合适的载体，舟变为龙舟，人们赋予了其双重身份，既是生产生活的工具，又是取悦神灵的器具，因而出现了龙舟竞渡。

第二节 体现在民族体育文化中的宗教规范

宗教教义中含有某些积极因素，如主张诚实仁爱、为人正直、坚持

① 何星亮：《图腾与中国文化》，江苏人民出版社2008年版，第459页。

正义、关心社会公共福利、反对自我中心、唯利是图、个人至上等，在一定意义上和体育道德有吻合的地方，这些伦理观念促进了体育的发展，特别是竞技体育的发展。

宗教的感情正在与体育运动中人们的感情追求结合起来。现代宗教活动更多地转向对人的关怀，偏重满足人们的感情需要。宗教的这种功能转变是符合当代体育潮流的。在高技术、快节奏的现代社会，宗教和体育所追求的人际间的信任、温暖、关心，都可以有效地缓解人们的焦虑情绪。因此，二者不再互相强烈地排斥，而是转为互相利用。

宗教是一种复杂的社会现象。作为一种意识形态，它为人们提供一种认识世界的方式，一套评判社会行为的价值观念和道德体系。作为一种社会组织，它为社会提供一种组织社会的形式，一套调适、控制和整合社会的机制和体系。

宗教起着整合社会的作用，并提供了基本的社会规范，宗教也被认为维持了诚实、慈爱和节制。而现代人对宗教的信仰更多的是源于精神的需要。

宗教是人类文化的重要组成部分，宗教起源于原始社会，可谓历史悠久。爱弥尔·涂尔干认为：“宗教是一种既与众不同、又不可冒犯的与神圣事物有关的信仰与仪轨所组成的统一体系，这些信仰与仪轨将所有信奉它们的人结合在一个被称为‘教会’的道德共同体之内。”① “宗教既是一种信仰实践，又是一种社会力量，也是一种生活方式。”② 宗教在一切社会形态、在一切国家和民族得以长期存在和发展绝不是偶然的，它有其合理存在和必然存在的内在根据。在宗教存在的历史长河中，宗教对社会的发展所起的作用是其他文化形态不可代替的，直到今天，宗教在人类社会生活中仍起着不可忽视的作用。宗教在社会发展中所起的作用是复杂的，有正面作用，也有负面影响。“没有功能的东西便不再存在，这是功能理论的公理，既然宗教从古至今都一直存在着，

---

① ［法］爱弥尔·涂尔干著，渠东、汲喆译：《宗教生活的基本形式》，上海人民出版社2006年版，第42页。

② 林耀华主编：《民族学通论》，中央民族大学出版社1997年版，第456页。

显然它具有一方面甚至是一系列的功能。”[①] 宗教能够从远古延续到现代社会，与其功能有着直接的关系，特别是与宗教当中的积极因素是分不开的。

斯皮罗（Spiro）认为，人类的宗教信仰大致有三项重要的功能，那就是生存的功能（adaptive function）、整合的功能（integrative function）与认知的功能（cognitive function）。[②] 宗教能够帮助人类克服种种生活上与心理上的挫折、困难、恐惧、不安，借助信仰的力量获得安定、安心与安全；宗教利用共同信仰以巩固团体的凝聚力、整合社会的组织力，发挥人类社群关系的至高境界；满足人类对于终极意义的困惑，提供对人生、宇宙、存在与道德等根本问题的解答。

一、对大自然的敬畏

大自然与人类生活的各个方面息息相关，特别是在远古时代，自然决定了人类的生存。“自然的各个方面，都足以使我们的内心强烈地感受到，有一种无限始终包围着我们，支配着我们。”[③] 正像穆勒对自然的描述：“自然是最令人惊叹的事物，它是一种恐怖，一种非凡，一个不朽的奇迹。”[④] 面对自然，人类经常会感到自己受到了所依赖的那种不可思议力量的困扰，而这种力量与人的福祸关系密切，因此对大自然产生了强烈依赖性和敬畏感。如游牧民族视水为生命之源，河流和湖泊自然成为他们崇拜的对象，每一条河流、每一个湖泊都有一个神专司管理，当这些神高兴时就会水量充盈、愤怒时水就干涸或暴涨，人们供奉这些神灵，就可以变为圣水，为人畜除疾、祛邪、洗礼。在发生动物流

---

① 〔美〕托马斯·F. 奥戴等著，刘润忠等译：《宗教社会学》，中国社会科学出版社 1990 年版，第 8 页。

② 〔美〕M. E. 斯皮罗著，徐俊等译：《文化与人性》，社会科学文献出版社 1999 年版，第 182—195 页。

③ 〔法〕爱弥尔·涂尔干著，渠东、汲喆译：《宗教生活的基本形式》，上海人民出版社 2006 年版，第 71 页。

④ 〔法〕爱弥尔·涂尔干著，渠东、汲喆译：《宗教生活的基本形式》，上海人民出版社 2006 年版，第 70 页。

行病时就将家畜赶入湖中洗浴；有些地方称河湖为“母亲”，禁止向河水中投入污物等不洁行为。

原始人对大自然的敬畏之心，起初来源于他们对大自然认知程度极其有限，面对千变万化的自然现象无法解释，也无法应对。随着人类对自然认识能力的不断提高，人们逐渐掌握了一些自然现象的运行规律，并认识到只有尊重大自然的运行规律，与大自然和谐共处，善待自然，人类才能够更好地生存和发展。因此，原始人类对待大自然的朴素思想，有意或无意当中，保护了自然。直到今天，这些朴素的自然思想，影响着我们对待自然的态度。如起源于云南文山壮族苗族自治州为中心的中越边境一带的民族体育活动——吹枪，吹枪在苗语中叫“盏炮”，是为了驱赶鸟兽、保护庄稼而发明的一种射击类的器械。苗族除把吹枪作为除害的工具，同时在日常生活中把它作为一项娱乐活动进行竞技比赛。苗族相信天地万物皆有灵，苗族人敬畏自然，懂得人与自然和谐相处的生存法则，这在吹枪的制作过程中得到了充分的体现。桃树皮是制作吹枪的原材料之一，苗族人在取树皮时充分考虑了桃树的需要，围绕树干割宽的树皮一周，在割取另一条树皮时，要承接上一条树皮的开口，而且入刀深度不伤及树的内皮，在取树皮的过程中力求对树的伤害最小。因为只能把树皮一条一条地割下来，如果大面积的撕扯，新的树皮就无法再长出来，最后树就会死亡。[①]

二、对祖先的尊崇

原始人认为祖先的灵魂会善待活着的家族成员，帮助他们子孙成长。有的氏族觉得祖先的灵魂能够确保氏族定期被召集起来，还负有造成妇女怀孕的现象，而且保护新生儿也是他们的责任，等孩子长大成人后，还要陪伴他们打猎，给他们带来猎物，借助梦来提醒他们可能遇到的危险，保护他们不受敌人的伤害，等等。人们相信整个氏族是从祖先

① 少数民族体育用品项目课题组编著：《少数民族体育用品》，中央民族大学出版社 2011 年版，第 4、28 页。

那里衍生出来的，祖先保佑氏族的生存平安。因此，祖先就成为氏族集体崇拜的对象，通过确定的仪式，人们试图取悦于祖先并赢得祖先的恩惠，并且针对祖先做各种祈祷，等等。

在中国南方少数民族中有较为普遍的创世始祖信仰、家族神信仰以及寨神信仰，这些被祭祀的神灵，都是为族人赐福佑护，驱邪镶灾，保佑家庭和村寨平安的。如“窝罗”节是阿昌族的传统节日，窝罗节每年农历正月初四举行，以纪念传说中阿昌族的始祖遮帕麻、遮米玛为民除害、造福后人的功绩，届时人们要祭献最好的菜肴，然后杀狗吃狗肉和芋头，如果在祭祀的当天能捕到蟒蛇，则认为更吉利。“窝罗”节是梁河地区阿昌族盛大的民族传统节日（“窝罗”有欢乐之意），窝罗节里跳的舞蹈又称“蹬窝罗”。

“蹬窝罗”主要流传于德宏傣族景颇族自治州梁河县的关漳、弄丘、弄别、丙界、永合、横格、勐科、别董、弯中、英傣等阿昌族村寨及保山地区腾冲县新华乡的梅子坪、中心大坡等地。主要在每年农历正月初四日“窝罗节”中活动。

传说，开天辟地的男神遮帕麻和女神遮米玛编好了天，织好了地，又共同创造了人类。一天，暴风雨突然席卷了整个大地，洪水淹没了所有村庄。遮米玛连忙用原来从大地上抽下的三根地线，缝好了东西北三边的天。南边的天无线可缝，暴风雨还在不停地倾泻。遮帕麻和遮米玛商议后，决定在拉涅旦造一座南天门，挡住了南边的风雨，南边的人们免遭洪水的袭击。这场狂风和闪电孕育了一个最大的火神和旱神腊訇，降到了大地的中央。他在天上制造了一个不会升也不会落的假太阳，烤干了水塘，晒枯了花草树叶，人们又遭到干旱的劫难。为了拯救大地和人类，遮帕麻用法术战胜了腊訇，用“鬼见愁”把他毒死，又用自制的巨大的弓和箭射落了假太阳，人类才又获得了新生。此后，为了防止天地间再出现妖魔，他们向人类祝福一声后，便于农历正月初四日飞上了天空。遮帕麻骑上太阳，白天巡视着大地；遮米玛骑上月亮，晚上巡视着太空。

遮帕麻和遮米玛上天的当天，人们就地把遮帕麻留下的弓和箭架得高高的，跳了三天三夜的舞，唱了三天三夜的歌，以此感激他们挽救人类的大恩大德。从此，这一天就成了“窝罗节”，跳的舞就演变成为现在的蹬窝罗。

跳蹬窝罗时始终围绕着“窝罗”（即设供品的台场）的中心进行。台场由两块高约 6 米的牌坊和 4 米见方的台座组成。牌坊顶端中间高高地架着一把巨大的满弦的弓箭（木制），意为始祖遮帕麻用这把神箭射落了妖魔腊訇的假太阳。左牌坊顶端绘着光芒四射的太阳，右牌坊顶端绘着蓝天皎月，意为遮帕麻撕下了自己的乳房嵌在天幕上，创造了太阳和月亮，所以男子从此就没有乳房了。太阳下面绘着阿昌族妇女服饰的各种彩色图案，意为遮帕麻给阿昌人民编织的龙衣凤裙。神箭的箭头，还标志着阿昌族妇女那一尺五寸高的包头。

跳蹬窝罗人数不限，男女老少均可参加，围成圆圈，由一个能歌善舞的“烧干”（艺人）领头，众人尾随其后，逆时针方向且歌且舞，缓缓而行，围成内外两个圆圈。腾冲蹬窝罗无伴奏乐器，伴唱曲调多用鼻音，舞蹈以双手叉腰，双腿以大八字步或半蹲居多，每进行一次，即仰望天空一次，动作质朴、简练、粗犷，稳沉有力。梁河县蹬窝罗，伴奏乐器有唢呐、大号、大鼓、大钹、小钹等。无伴奏乐器，伴唱曲调多用鼻音，歌唱及动作给人以神秘庄重、质朴稳沉的感觉。并有人扮的狮子、老虎、水牛等伴随，德宏傣族“蹬窝罗”这一古朴的舞蹈形式，表现了原始人对祖先的崇拜和敬仰。

三、对人类思想道德意识的规范

人不仅有物质的需要，而且还有精神的需要。宗教作为一种文化形态，其功能的发挥仍然是为了满足人类的生存需要，只是这种需要与人类的精神领域联系得更为紧密。人类社会在发展过程中，会不断地出现精神危机，宗教在解决这些精神危机的过程中起到了一定的作用。

人类文化正是人类追求真善美的结果，而各种文化形式反过来又激励人类去追求真善美，宗教作为一种文化形态也不例外。道德是“社会意识形态之一，是人们共同生活及其行为的准则和规范。道德通过社会的或一定阶级的舆论对社会生活起约束作用。”① 道德的需要，主要是人类求善的需要，是宗教兴盛和发展的内在动力。宗教认为，人性是不完善的，人类是有缺陷的，人生是痛苦的。因此，只有虔信神灵，抑制俗欲，努力行善，才能获得人生的幸福，死后进入天堂。这就促使人们在生活中发挥善端，避免罪恶，帮助他人，以求得人生的完满。

如我国蒙古族摔跤——搏克。根据文物史料的考证和蒙古族民间口碑的印证，“搏克”的形成与蒙古族祖先的出征祭祀活动及凯旋庆祝活动有着密切的联系。搏克，蒙古语意为结实的意思（攻不破、摔不烂、持久永恒）。搏克运动最大限度地表现了蒙古族的价值观念，同时也是游牧民族与大草原和谐共处的产物，它不但是勇敢和力量的象征，也是聪明和智慧的结晶。搏克历来提倡人人平等、不欺凌弱小、不分贫富贵贱，即使是普通的牧羊人也可以与著名的博克手一较高下，重在参与，这就为更多的人能够参与搏克比赛提供了公平竞争的机会和平台。搏克比赛一跤定胜负，不分体重级别，紧密贴近生活，充分体现了蒙古族不畏强暴、善于捕捉时机和敢于胜利的民族性格。比赛过程中的激烈对抗，看似残酷而无情，其实是人生哲学的极佳体现，充分体现出每一个人在比赛中都有存在的价值和合理性。比赛结束后，只要参加比赛的选手即可获得一份奖品，奖品也是与牧民生产生活息息相关的物品，有骆驼、马匹、马鞍、奶牛、绸缎，等等，体现了对参与精神的鼓励和认可。搏克比赛从互不相让的激烈竞争开始，最终以友谊、和谐、欢乐而结束。这种文化内涵始终贯穿着搏克比赛过程，充分展示了人类社会共同追求的平等、博爱、获得尊重的愿望。

四、对人类群体生活方式和价值取向的规范

宗教不是单纯的个人信仰，而是群体活动。共同的宗教观念、宗教感情、宗教行为、宗教体制，成为人们思想的原理、行为的准则、激情

---

① 中国社会科学院语言研究所词典编辑室编：《现代汉语词典》，商务印书馆 2008 年版，第 259 页。

的源泉、道德的标准、人际关系的纽带、社会秩序的保证。宗教为人提供了关于人生的意义和世界的未来走向等重大的世界观和人生观的答案，使人们在面临失望时得到慰藉，在面对不确定性时得到情感上的支持，在偏离社会目标和规范时得到纠正和调节，在历史动荡和变迁中获得新的安全感，有助于减少不满情绪和消除意见分歧，从而维护社会的秩序和稳定。

如原始宗教表达人类对自然和社会的最初认识，是史前人类所有知识形式的汇集，满足了早期人类的精神需要和价值追求。全体氏族成员信仰共同的神灵，进行共同参与的宗教活动，这就逐渐形成了全体氏族成员必须共同遵奉的规范化的宗教礼仪，它把氏族全体成员纳入普遍性的行为模式和统一性的宗教体制之中。规范化的宗教礼仪具有超个人的权威，对氏族集团中的每一个人的行为与活动具有社会的强制力。氏族社会赋予宗教禁忌规定和宗教礼仪以神圣的权威，迫使原始人逐渐强化对社会规范的服从和对个人行为的约束。这些神圣的禁忌和规定成了原始人在生活中必须遵守的“无上命令”，使原始人的动物性本能受到抑制，由此而受到自制的教诲。原始宗教能维护氏族社会规范、增强氏族团结、强化集体情感和集体意识。同时，推进生产实践中的知识探索，孕育民主观念、法制意识、私有观念。图腾崇拜是原始宗教的主要崇拜形式之一，通过图腾崇拜在氏族内部形成了强烈的集体意识，维护了氏族和部落的团结；通过图腾建立了氏族的道德权威，维系着社会的秩序与团结；图腾崇拜还解决了个人存在与社会存在的矛盾与统一的双重关系。

很多民族体育活动源于宗教仪式。仪式是人们与某种社会地位相适应的诸多情感的规范化、秩序化的表现形式，因此社会可以用仪式来重新规范人们的情感。在人们参与仪式活动的过程中，仪式有一种教化个人情操的作用，而这种个人情操的保持，则是社会秩序赖以存在的基础。

参考资料

1. 林耀华主编：《民族学通论》，中央民族大学出版社 1997 年版。
2. 徐万邦、祁庆富：《中国少数民族文化通论》，中央民族大学出版社 1996 年版。
3. 马克思等著，中共中央马克思恩格斯列宁斯大林著作编译局译：《恩格斯致马克思》(《马克思恩格斯全集》第27卷)，人民出版社2008年版。

4. 〔法〕列维·布留尔著，丁由译：《原始思维》，商务印书馆1981年版。

5. 何星亮：《图腾与中国文化》，江苏人民出版社2008年版。

6. 费尔巴哈：《宗教的本质》(《费尔巴哈哲学著作选》下卷)，三联书店1962年版。

7. 〔法〕爱弥尔·涂尔干著，渠东、汲喆译：《宗教生活的基本形式》，上海人民出版社2006年版。

8. 〔美〕托马斯·F. 奥戴等著，刘润忠等译：《宗教社会学》，中国社会科学出版社1990年版。

9. 〔美〕M. E. 斯皮罗著，徐俊等译：《文化与人性》，社会科学文献出版社1999年版。

10. 许良国、曾思奇：《高山族风俗志》，中央民族学院出版社1988年版。

11. 少数民族体育用品项目课题组编著：《少数民族体育用品》，中央民族大学出版社2011年版。

12. 中国社会科学院语言研究所词典编辑室编：《现代汉语词典》，商务印书馆2008年版。

13. 李亦园：《祖灵的庇荫——南澳泰雅人超自然信仰研究》，《民族学研究所集刊》，第十四期。

14. 何大勇：《论高山族的原始宗教》，《世界宗教研究》，2005年第3期。

15. 毕仲春、陈丽珠：《高山族之传统游戏——刺球》，《体育文化导刊》，2004年第1期。

16. 宋仕平：《试论原始宗教的社会功能》，《中南民族大学学报》(人文社会科学版)，2005年第4期。

17. 马伟华：《从民族学的角度看宗教的功能及其研究的视角与方法》，《内蒙古农业大学学报》(社会科学版)，2010年第2期。

18. 辛世俊：《从人的需要看宗教的功能和发展》，《衡阳师专学报》(社会科学版)，1990年第2期。

19. 尚九玉：《试论宗教之功能》，《郑州大学学报》(哲学社会科学版)，1997年第4期。

20. 罗惠翩：《宗教的社会功能——几个穆斯林社区的对比调查与研究》(博士论文)，中央民族大学，2005年4月。

21. 陈晓毅：《人类学界和社会学界早期宗教功能研究述略》，《贵州大学学报》(社会科学版)，2004年第4期。

22. 辛世俊：《审视宗教的新视角——功能分析》，《求是学刊》，1996年第6期。

第六章　民族体育文化的美学价值

民族体育活动是一种人文实践活动，它的发展与人类社会的发展有着相同的节拍，在人类起源时期，人类还没有体育意识，只有模糊的身体活动。经历漫长的进化，体育活动脱离了模仿动物和训练生存技能的自然阶段，演变为浑然一体的有关身体方面的文化现象。人们跑、跳、投掷、角力、戏水，使身体得到充分而自由的运动；人们也利用阳光、空气和水来锻炼身体，还用营养和化妆来培育和表现身体。民族体育文化之美，便萌芽于这些活动之中，身体活动转化为原始的民族体育活动的初始中介是肢体游戏。作为表演形式，肢体游戏的高级形式最初出现在巫术中。巫术礼仪盛行于几乎所有的原始民族，原始图腾崇拜是原始人类主要的精神生产活动，原始人类的审美感由此萌生。早期的原始民族的教育活动不能依靠文字，甚至不能依靠多少语言，而主要是通过身体动作来示范，来学习生存技能，在对身体的有意识的运动和观赏过程中，缓慢地生长出体育的萌芽，同时孕育着美的幼苗。

普列汉诺夫指出："野蛮人在使用虎的皮、爪和牙齿或是野牛的皮和角装饰自己的时候，他是在暗示自己的灵巧和有力，因为谁战胜了灵巧的东西，谁就是灵巧的人，谁战胜了力大的东西，谁就是有力的人。这些东西最初只是作为勇敢、灵巧和有力的标记而佩戴的，只是到了后来，也正是由于他们的勇敢、灵巧和有力的标记，所以开始引起审美的感觉，归入装饰品的范围。"①

远古时期的跑、跳、投掷、格斗、攀登、游水等身体训练虽然是原

---

① 〔俄〕普列汉诺夫著，曹葆华译：《普列汉诺夫美学文集》第一卷，人民出版社 1983 年版，第 314—315 页。

始教育的部分，其活动形式也貌似体育活动，但目的不是为了增强体质和增进健康，而是为了掌握赖以生存的生产技能，是简单劳动的必须准备环节。即便对年幼一代进行的攀高、奔跑、跳跃、投掷等身体基本运动能力的训练，也主要是为了传授生存技能，而不是以提高身体健康为主要目的的体育活动。不过，民族体育的萌芽却是植根于这些原始的身体活动形式之中的。同时，这些为了满足生存需要而进行的身体活动带有强烈的目的性，也孕育出一些原始审美的因素。

处于原始状态的身体训练，那时候，人们基本是带着功利的眼光来看待身体锻炼的过程的，为了实用而进行这类的身体活动，无心顾及它的美。庄子曰："美者自美，吾不知其美也；恶者自恶，吾不知其恶也。"随着各个民族生活资料的逐渐丰富和余暇时间的充裕，一部分具有游戏性质的身体练习活动得以开发，成为娱乐的手段，美和美感亦随之产生。

各民族在自我形成发展过程中，不仅创造了丰繁多样的民族体育活动形式，而且还赋予了其美的内涵，蕴涵着丰富的美学因素，它们为民族体育活动增添了无穷的魅力。每个民族的体育事项，从某种角度讲，都可以说是这一民族美的载体。纵观整个民族体育活动无不表现着该民族的美感形象，浸渗着该民族的审美观念，具有相当的审美价值。

民族体育发源于各民族历史生活的方方面面。每一种民族体育的形成，并不一定只限于某一历史内容，或某一些形式，融合着多重丰富的内蕴，集中表现了一个民族的智慧、力量、意志和情感；每一种民族体育及体育活动都从不同程度上体现了各民族自由的、有意识的创造活动及其创造才能、智慧、思想、品格、感情等本质力量。因此，民族体育文化的美也不只是表现在某一方面，而往往是多种审美观念、美感形式的有机组合。带着各民族特有的审美意识、审美标准、审美追求、审美愿望和审美情趣，注入世界体育之林。各民族人民创造了民族体育文化，同时也创造了民族体育文化的美。所以，我们可以把民族体育文化作为一种美的形态来认识。

第一节　民族体育文化美的表现形式

一、民族体育文化的形式美

“形式美是指生活、自然中各种形式因素（色彩、线条、形体、声音等）的有规律的组合。”[①] 形式是构成美的形象的必要条件，体育活动的多样化正是美的体现和美的创造，也正因为如此，才使体育活动具有无限的艺术魅力，人们因此才能领略到缤纷多彩的体育美的奥妙。

作为体育文化重要组成部分的民族体育文化，它来源丰富，与自然环境、生产生活、军事斗争、宗教信仰、民族风俗密切相关，内容形式多样，文化内涵积淀深厚，在体型、姿态、技战术、表情、语言、行为、服饰、器械和环境等方面表现出丰富的美的内容和多种美的形式。民族体育活动有其独特美学形式，往往是多种美的形式的综合体现。如蒙古民族在长期的征战、狩猎和游牧生活中，形成了喜骑、善射、竞技角力、崇尚英雄的民族习俗。每逢重大庆典、祭祀活动，各部落间常以赛马、射箭、摔跤活动增进友谊，习武娱乐。据文献记载，蒙古族赛马具有 2000 多年的历史，蒙古族的赛马一般分为奔马和走马。奔马赛也称速度赛马，比赛时裁判一声令下，所有的参赛者同时脱缰，参赛的马像出弩的箭，疾风一般卷过绿色草原，这时草原上万马奔腾，蹄声震撼，蔚为壮观。骑手们头缠丝带，缨穗飘扬，身着艳袍，五彩缤纷，在飞驰的马背上，忽而挥臂加鞭，忽而将上身藏在马脖子一边，一路催马扬鞭，一路跃马驰骋，奋力争先，宛若飞霞流彩，精湛的骑术、人马和谐的配合，那惊人的骑技不时博得观众们的阵阵喝彩，在欢呼喝彩声中一个个冲过终点。蒙古族速度赛马，既体现骑手们身体美，又体现出骑手和马的饰物美；既体现竞技美，又体现娱乐美；既体现出骑手运动素质美；又体现出骑手和观众精神美；既体现蒙古族民族风情美，又体现

① 杨辛、甘霖：《美学原理》，北京大学出版社 2003 年版，第 136 页。

了大草原的自然环境美。

二、民族体育文化的自然美

自然美即自然事物的美。自然美在于自然事物的本身，是自然事物的属性。自然美是自然的人化这一历史进程的结果，自然美具有区别于其他形态的美的特殊性。自然美重在形式，自然美首先是以其自身的属性如形状、色彩、声音而引起人的美感。

在我们赖以生存的自然界存在着各种各样的美的事物，而我们人是自然界的成员，所以人体的美也是一种自然美。人是体育活动的主体，是体育活动中最基本、最活跃的实体，因此体育活动能够最充分、最丰富地表现人体美。运动过程中匀称的体型、强壮的肌肉、形象而优雅的动作、端庄的姿态、优美对称的造型、线条、明快而变化的节奏会使人赏心悦目，给人以美的享受。

因此，在自然界里，民族体育文化是一种客观存在的美，民族体育文化的自然美是体育文化形成过程中的一种表现，是借助于人的自然实体，融美的意识和美的动作、美的感觉于一体，具有自然美的属性。如荡秋千是朝鲜族妇女最喜爱的活动之一，历史悠久。秋千绳一般都拴在高大树木结实的横枝上，在秋千前方的上空悬有彩带或铃铛，荡得高度越高或是身体触及彩带或铃铛的次数越多，显示荡秋千的技巧越高。荡秋千时，朝鲜族妇女身着彩色长裙，踏上秋千板，凭着腰腹部、腿部、臂部的力量，加之她们身体的良好协调能力，向前后摆荡，越荡越高，她们的衣裙和裙带随风飞飘，她们用飞荡的身体画出了一道道彩色弧线，如紫燕凌空，矫健绝伦，自由自在，惊心炫目；如仙女腾云，优美飘逸；充分表现了秋千活动高、飘、悠、巧、柔、美、欢的特点。秋千运动充分表现了朝鲜族妇女文雅而又勇敢的性格，同时显示了她们的健康体魄和对生活的热爱与追求。朝鲜族妇女荡秋千，从她们运动时优美的姿态、健美的身体、漂亮的民族服饰、勇敢的精神等方面都充分表现了民族体育文化的自然之美。

三、民族体育文化的社会美

在远古时期，人类与大自然浑然一体，是大自然的一部分。是劳动将人类从自然当中提升出来，通过劳动，自然界变成了人的对象世界；同时通过劳动人的自然属性得到了改造，人的各种感官已经变成了社会的感官，眼睛变成了审美的眼睛，耳朵变成了审美的耳朵，人成为社会化的人。体育活动在其本质上与劳动是相通的，它更自觉地专门化地进行身体锻炼，使人类自觉地将自身自然属性培养成为社会属性，从而达到生命的自我实现。因此，体育美既是自然美，同时又是社会美，是自然美与社会美的统一。

社会美是指社会生活中的美，它源于实践，是实践的最直接表现。美的社会属性首先表现在它对于社会生活的依赖，它作为一种社会现象，离不开人类的社会生活。在体育活动中，人既是主体，又是对象；既是目的，又是手段；既是表现内容，也是表现形式，而人的本质在其现实性上，是一切社会关系的总和。

民族体育文化的本质决定了其美的社会性。因为民族体育文化是人类社会实践的产物，它是人类创造性劳动的成果，是人的社会生活的一部分，并随着社会实践的发展而发展。因此民族体育文化的社会美存在，显示于人对自然的征服和改造以及其他方面的生活过程之中。

在民族体育文化当中人是社会美的主体，人的美最能反映出社会美的本质。人的美首先在于人的自由创造的活动，即人的生命活动。人的生命活动之美正是社会美的核心。如赫哲族是一个古老民族，其先民很早就生活在黑龙江、松花江、乌苏里江三江流域。因赫哲族人过去穿鱼皮衣，有犬陪伴，所以被称为“鱼皮部”和“使犬部”。自古以来，繁衍生息在三江流域的赫哲族，他们在长期的渔猎生产中，积累了丰富的捕鱼经验，因此具有鲜明的渔猎民族的文化特征。叉草球就是赫哲族的一项来源于生产劳动的传统体育活动，它形成发展于赫哲族原始的渔猎生产、生活之中。为培养孩子们叉鱼的兴趣和技巧，开展的一种集娱乐和提高渔猎生产技能的体育活动。该活动原是将一个草球扔到水里，一个人用长杆在水中拨打草球，使其在水中游动，叉鱼者用叉来叉水中的草球，叉中即为得胜。后来则是让草球在草地上向前滚动，参加者掷叉将其叉住，以叉中多少定胜负。还有一种方法为射准，在地面竖一草靶，参加者站在5—10米外，投鱼叉射靶，每人投数次，以投中靶多者为胜。赫哲族的叉草球，既是人们劳动闲暇之余作为休息、娱乐的游艺方式，又是青少年强健体魄、锻炼机智、敏捷和提高渔猎生产技能的体育项目。它历史久远，流传广泛，深得赫哲族青少年的喜爱。这一活动来源于赫哲族的生产劳动，成为强健身心、提高劳动技能的民族体育活动，充分表现出了民族体育文化的社会美，是人类生长前进的过程、动力和结果的具体表现。

四、民族体育文化的艺术美

艺术来源于现实生活，又超越现实生活，它丰富了人们的精神世界，具有创造性和超前性的特征。艺术美也是自然美和社会美的集中反映，是最高级的美。体育活动不仅有强健身心等实用价值，也有艺术的审美价值。体育运动中的艺术美主要表现在节奏、韵律、造型等方面，形成了美的和谐与统一。体育运动中的反复、变化、层次、停顿等的恰当运用，不仅可以产生鲜明的节奏，而且会呈现鲜明的韵律感，并能把体育运动本身的节奏转化为参与运动者和观看运动者的心理因素，引起共鸣而产生美感。造型美则是艺术美的另一个表现，体育也是一种造型艺术。

各民族在其各自的历史发展长河中，以自己所处的自然环境、生产生活、宗教信仰等社会生活为源泉发挥心灵的智慧，创造出各种具有高超技巧和多姿形式的民族体育活动，美的创造是民族体育文化的灵魂主线，民族体育艺术美是通过创造所实现的美。多数民族体育活动是一种人体表演艺术，通过经过提炼的身体活动表达自己的思想。因此，民族体育文化既是一种外在优美的表演艺术，又是一种内涵深厚的活动。譬如水族传统体育具有典型的农耕文化特色，在水族同胞的民族体育活动中就有表现对耕牛的爱护与崇拜。“斗牛舞”，水语称“斗贵”、或“兜刀”，即斗角、斗牛之意。常在祭祀、节庆和丧葬时演出，其动作表现了水族人斗牛时的一些场面。斗牛舞一般由五支芦笙、五支莽筒伴奏，一人吹着最小芦笙在前面领舞，这只小芦笙声音最高最响，被称为公芦笙，其他人则边奏边舞紧随其后。另外还有两人戴着道具“牛头”作半蹲式边斗边舞，五位头插雉尾、腰拴白鸡毛花裙子的姑娘和着节拍伴舞，其动作幅度大，有力度，如甩腰、顶胯、卷转、抖肩等动作，状如波涛，起伏翻卷，充分显示了水族人民热情奔放和粗犷豪爽的性格。这种舞在开春时便停止，将芦笙收藏；待稻秧拔节抽穗后，由舞队头领摘一穗稻子插在芦笙上，便可以开始跳此舞，意即让芦笙吹胀谷粒，用欢乐迎接今年的丰收。水族的斗牛舞在民族乐器芦笙的伴奏下，身穿鲜艳民族服装的水族同胞动作刚劲有力、造型优美，充分表现出了民族体育文化的艺术美。

艺术美使得民族体育文化的内容丰富多彩，民族体育文化充分表现了体育活动艺术美形式与内容的统一。民族体育文化是运动形态、服饰、器材、音乐和自然环境的完美结合，使民族体育文化充满了生命的活力。

第二节　民族体育文化的美学特征

一、客观性

民族体育文化美是人类社会生活中存在的一种客观现象，是美在人体运动中的一种特殊反映。民族体育文化是不以人的主观意志为转移的客观性存在，这种客观性在于它的物质性。人类是自然长期发展的产物，是随着自然的发展而形成的社会产物。人不仅具有自然的属性，同时更具有社会属性，人是客观的实在，人以自然和社会的形态体现其客观性。就自然形态而言，人是万物之灵，人体乃是造化之巅，集自然界中美的大成。它完美和谐，富有生机和力量，是整个大自然存在的一个最精巧的缩影，是人体运动美的自然基础，也是客观存在作用于自身运动作为审美对象的主题。人类就是借助于这一有创造能力和规律的主客体的双重性，即民族体育文化自然美的客观性。民族体育文化美学的自然美不同于一般的自然美，它是借助于人的自然实体来表现美的客观性。从事改造人体自身的体育文化美的活动，发现形态美、社会美和艺术美。体育文化是人类改造自身的一种文化活动，在其实践过程中构造了形态美和艺术美，渗透着自然美和社会美的性质，充分体现了社会的客观存在性。人类的社会客观性，是民族体育文化美学产生和发展的基础。

荡秋千是我国许多民族共有的民族传统体育项目，具有悠久的历史。秋千的起源，可追溯到几十万年前的上古时代。那时，我们的祖先为了谋生，不得不上树采摘野果或猎取野兽。在攀缘和奔跑中，他们往往抓住粗壮的蔓生植物，依靠藤条的摇荡摆动，上树或跨越沟涧，这是秋千最原始的雏形。随着社会和生产力的发展，生产生活方式的变化，秋千由单一的谋生手段逐渐演变为军事训练项目和娱乐活动。《古今艺术图》上说："此（荡秋千）北方山戎之戏，其民爱习轻娇之态，每至寒食为之。自齐桓公北伐山戎，此戏始传入中国"（见清翟灏《通俗篇》卷三一）。山戎是古代北方的一个少数民族，秋千原是其进行军事训练的工具。春秋五霸之首的齐桓公带兵打败山戎后，将其国土划归燕国，秋千也随之向南流传，后来逐渐演变成游戏活动。

荡秋千日后主要为宫中、闺中女子的游戏或传统节日广场狂欢内容。汉武帝时，宫中盛行荡秋千，唐人高天际《议武帝后宫秋千赋》云："秋千者，千秋也。汉武祈千秋之寿，故后宫多秋千之乐"。到了唐代，由于社会稳定、经济富裕，荡秋千开展得空前活跃。唐玄宗称荡秋千为"半仙之戏"。大概在唐宋以后，随着城市经济的发达，市民阶层的大量涌现，荡秋千逐渐演变成节日中广场的狂欢节目。在宋代还出现了"水秋千"，即在水中置两艘雕画精美的大船，船头竖起高高的秋千架，表演者登上秋千后奋力悠来荡去，当秋千荡到与秋千架的横梁相平之时，他们双手脱绳，借秋千回荡之力跃入空中，在空中翻个跟头，然后投身入水，表演者姿态各异，看上去惊险优美而又变化无穷。水秋千类似现代跳水运动。唐宋之后，荡秋千习俗普及全国，盛况空前。

我国是一个多民族的国家，由于各民族的文化背景、生存的地理环境和生产生活方式的不同，荡秋千产生了许许多多不同的运动方式。除了最常见的吊秋之外，一些民族还有许多秋千的变种。如青海土族荡秋千用的是轮子秋，土族称之为“卜日热”，意为旋转、轮转。在我国西南少数民族地区还流行磨秋、风车秋千，磨秋又包括转磨秋和磨担秋两种。1971 年，在云南省江川县李家山的考古发掘中，出土了一面西汉时期的青铜鼓，在铜鼓的腰部，有一组 4 人玩转磨秋的图案。

荡秋千由谋生军事训练的工具演变为体育游戏后，成为强身健体、自娱自乐、同时具有很强的观赏性的游戏。在古代，人们认为荡秋千一方面可“摆疥”（医治疾病），另一方面可以“释闺闷”，也就是说那时人们就意识到了荡秋千具有健身娱心的作用。

荡秋千这项具有古老传统和丰富文化内涵的民族传统体育项目，在保持其传统运动形式的基础上，不断被注入新的活力，其吸收了现代竞技体育的教学和训练方法，具有很强的健身性、竞技性、娱乐性和观赏性，被各民族所喜爱。

荡秋千可以增强人体的力量，特别是人的四肢、腹背肌的力量；发展练习者的协调、灵敏、速度、耐力、空间感知和平衡能力。秋千是在高空中运动的项目，具有一定的惊险性，它可以锻炼练习者勇敢、顽强的意志品质，是锻炼人的心理素质的一项很好的运动。同时，还能够提高活动者果断、机智、灵活、随机应变的思维能力。

从秋千的起源、运动形式、对身体身心健康的作用以及在发展过程中各民族赋予它的文化象征意义，都能够表现出民族体育文化美学无论是在实践方面还是在理论方面都是客观存在的。因此，客观性是民族体育文化美学的本质属性之一。

二、真实性

人们一定的社会实践活动是民族体育文化的基础，它集合了一定的社会实践中事物和现象的真、善、美的内容，具有自然性、社会性和真实性。凡是美的事物都符合客观发展的规律，蕴含着“真”，民族体育文化的存在和发展也是以“真”的认识为基础和前提的，真实是艺术的生命，也是美的生命。因此，民族体育文化本身就蕴含着“真”，是真的生动形象的显现。就体育美而言，民族体育文化的美产生和发展的第一个标准就应该是真实。各民族丰富多彩的体育活动表现出生动多变的优美的形态，呈现出富有创造力的真实形象，给人以美的享受。如在傣族武术中，最精彩、最富有民族风格的当数孔雀拳。傣族孔雀拳吸收了太极拳、长拳、绵拳和气功的特点，模仿孔雀的走步、点头、展翅等动作，动作柔中有刚，出拳时身体柔韧起伏，形成三道弯的造型。手法飘灵、脚步轻盈、双臂的缠绵起伏带动全身关节的和谐运转。挺胸、收腹、提气等每个动作都与眼神相配合，把攻防技击之术，隐化于优美的动作之中，藏威而不露，却如高贵的孔雀仪态万方，翩翩动人。打孔雀拳时可以用铓锣和象脚鼓伴奏，还有一两位姑娘一起翩翩伴舞。傣族的孔雀拳博众家之长，同时模仿孔雀的优美造型，是美的真实表现。

三、愉悦性

“美的根本功能，是能使审美者产生快乐感。因此，审美活动是愉快的精神活动，愉快是美感的根本特征。”① 美是快乐的对象，美感就是快感，审美活动是愉快的情感活动。美，是能给人们带来快乐的事物。愉悦性不仅是审美需要得以发生的机制，而且是审美展开得以持续的动力，还是审美弥散升华和强化审美心理的催化剂。

审美的愉悦性既是情感发泄的需要，也是情感满足的需要。民族体育文化是各民族社会文化生活的重要组成部分，渗透着美的形象、美的情感、美的趣味和美的创造，不论是民族体育活动的直接参加者还是观赏者，都能调节精神，愉悦身心，陶冶情操，使精神生活得到丰富。民族体育文化美的愉悦性是美感直觉的升华和扩展，这也是民族体育文化的审美意识形态区别于其他意识形态的突出特征。如全国少数民族传统体育运动上的表演项目多源于各民族的生产、生活、祭祀等，集中反映

---

① 祁志祥：《中国美学原理》，山西教育出版社2003年版，第281页。

了各民族传统文化的精华，不仅能强身健体，还兼具娱乐和观赏价值。鲜艳的民族服装、精湛的竞技技术、优美的舞蹈动作，民族特点突出，内容健康，能充分体现民族传统文化内涵和精华，让人们能够充分领略到民族传统文化的魅力，超越了时空界限渗透到人的灵魂深处，绽放出思想的火花。

四、创造性

美是人类对客观世界改造的结果，人类自告别动物界以后，就不断地进行着美的创造。任何美的劳动产品、社会现象、艺术作品都是人们按照美的规律创造出来的。没有人的创造，就不会有美，这不仅从历史进程来看是如此，从具体事物来看也是如此。随着实践的发展和科学、艺术的进步，人类的创造能力不断提高，创造的领域不断扩大，美的成果越来越丰富，美的程度越来越高级，足以使人们感到新奇、赞叹和陶醉。因此，美的最终根源在于人的自由创造，创造性是一切美的共同特征，同样也是体育美的突出特征。创造是体育美的灵魂，是满足人的精神享受的需要。没有创造，就没有飞跃，体育美也就随之枯竭。

民族体育文化是人类在社会实践中进行自由创造活动的产物，因此在民族体育文化中突出表现了美的创造性这一特征。民族体育文化是通过其生动性、真实性、形象性、多样性等特征来表现自身的存在和自身的创造品格，使其产生浓郁的美感。人类对美的感受随着社会的发展，生活的变迁，文化知识水平的提高都在不断地更新，因此，民族体育文化美也在不断地改变、发展以适应时代的变化与需求。民族体育文化也在不断地进行着美的创造，以新的技术、技巧和优美的音乐、姿态及服饰展示其魅力。民族体育文化创造出的美可以使人们感受到体育文化的光彩和力量，使体育文化更有色彩，更有生机，更有魅力。民族体育文化的创造与艺术的创造、科学技术的创造一样，都是人类文化的丰碑。所以说创造是民族体育文化美的本质特征，只有不断地创造，民族体育文化才会绽放出耀眼的光芒。

我国少数民族传统体育项目通过全国少数民族传统体育运动会这个

宽阔的舞台，在继承的基础上进行着不断的创新，从民族传统体育项目的技术、技巧、练习的方法手段、音乐、器材、场地、服装、比赛的规则等方面都在进行着再创造，使得民族体育文化焕发出勃勃生机，充分表现出民族体育文化的创造美。

五、超越性

体育运动是人类战胜极限、超越自我的一项伟大实践活动，表现了人的本质力量、人的智慧以及运动与人体的有机结合统一，具有极高的审美价值和艺术欣赏价值。

各民族从原始社会开始，为生存繁衍，就要适应大自然、改造大自然、向大自然索取，通过采集狩猎能够从大自然中获取更多能量，人们不断要提高自身走、跑、跳、攀越等能力和技能，在不断地征服自然的过程中，超越自我。民族体育文化的主要来源之一是各民族的先民为征服自然，维护自我生存，强化自我形象而不断创造的智慧的结晶。在漫长的生活斗争和生产斗争实践中，人类对于自身能力逐渐有了一定的认识，于是那些擅长奔跑、投掷、攀登、搏斗的人及其行为就成了人们尊崇的对象，朦胧的体美意识也借此而生。

竞争是体育文化本身具有的属性和突出的特点之一，而要实现竞争就必须在原有的基础上进行不断的超越，体育文化的超越美表现出了勇敢无畏的强者风格和不断进取的体育精神，正是这种精神使得体育文化不断地进步，成为人类文化的重要组成部分。因此体育文化在培养人类健全人格、促进人类身心健康发展方面起到了其他文化形式不可替代的作用。

民族体育文化是各民族在社会文化生活当中一种自我完善的活动，它能够表现人的需要、动机、目的、意志和力量，显示人的内在潜能，寄托人的希望和要求。因此，民族体育文化发展的过程也是一个不断超越的过程，是人的生命之力的拼搏、人的生命价值的体现。尽管超越的过程是艰难的，但同时也是美的。在这个过程中，人们看到了并证明自己本身的本质力量在对象中的实现，在内心深处体验创造和超越的快感，这便是各民族在体育文化当中表现出的精神上的一种崇高的、神圣的美，从人的本质力量中折射出来的美感。如“达瓦孜”是维吾尔族传统的体育活动之一，维吾尔语的意思是“高空走绳”，古时称为“走索”、“高原祭”、“踏软索”等，距今已有2000多年的历史了。表演者手持长数米的平衡杆，不系保险带，在维吾尔族民间乐曲的伴奏下，在绳索上表演前后走动、盘腿端坐、蒙上眼睛行走、脚下踩着碟子行走、飞身跳跃等一系列惊心动魄的技艺。达瓦孜表演是新疆维吾尔族勤劳勇敢的智慧结晶，其表演的技艺不断在提高，在进行着不断的超越。两位艺人绳上对剑格斗，斗剑时还能互换位置；小顶倒立、劈叉、顶碗、骑独轮车、咬花、弯腰采莲等创新性的高难度技巧，被从地面搬到了大绳上，使达瓦孜锦上添花。达瓦孜表演者技艺的不断超越，充分表现了这一传统体育项目的惊险之美。

第三节　民族体育文化的和谐美

和谐是人类生命存在的基本条件，又是人类与生俱来的普遍要求。和谐孕育了美，和谐积极地推动了美的创造。从毕达哥拉斯到赫拉克利特，从亚里士多德到柏拉图，他们都以和谐为美，都要求人与自然、人与社会、理智与情感、灵魂与肉体达到完美的统一。因此，和谐是美的真谛。体育美有其独特性，它追求人类生命的和谐，它所力求把握的，是每个历史阶段产生出来的人类生命的最高完美形态。

一、人与自然的和谐之美

人类通过自己的实践活动，努力去改变对象的客体存在方式，使其符合自己的审美理想，形成新的人与自然的和谐。人是唯一能够将自然必然性与主体能动性加以整合的存在物，民族体育文化则是各民族人与自然和谐整合的结果，表现了人与自然在人的高度自觉的活动中实现的统一和主客体的一致。

如傣族传统体育文化是其独特的自然环境因素与人文环境因素复合作用的结果，在影响傣族体育文化特质形成、发展的自然环境与人文环境等诸多因素中，“水文化”起核心主导作用，使得傣族传统体育表现出柔美、细腻、传情、祥和、修身养性等文化特质。傣族传统体育无时无刻流露的不是水的意蕴、水的韵律、水的灵性、水的体验、水的祝福和水的寄托。泼水节是傣族深层次文化的体现，在泼水节上得到了充分展示的这些体育活动，是人与水密不可分关系的流露，揭示了傣族体育具有浓厚的“水”文化特征，充分表现了傣族人与自然的和谐之美。

抽陀螺游戏在我国有悠久的历史，起源于约公元前5000年的河姆渡文化时期，1926年在山西夏县西阴村土岭发现了距今4000多年的陶制陀螺。陀螺游戏无论在我国冰天雪地的北方，还是在气候温暖的南方都是很多民族喜爱的传统游戏。如高山族的陀螺比赛并不只是简单的游戏，其寓意深刻，通常多在与农业祭祀有关的仪式中进行。布农人以小米为主食，因此在播种小米之前要举行隆重的祭典——小米播种祭，以祈求天神保佑小米得到丰收。在播种与除草完毕之后，布依族男子用qona树皮抽打陀螺，打时要打得快，要比别人旋转得快，使其发出隆隆的响声，其意在于希望小米成长的速度如陀螺旋转之速。飞速旋转的陀螺象征着布依族寄予大自然美好的期待和与大自然和谐共处的良好愿望。

二、人与社会的和谐之美

民族体育文化的产生和发展具有广阔的文化背景和深刻的社会价值，是社会群体的创造也是社会群体的特定需要，满足了人类群体和个体自我创造的某些需要。它是劳动方式的再现、人与动物相争、人与自然相斗的模仿、宗教仪式上巫术形式的转嫁等，因而具有较强的社会性。民族体育文化在其创造过程可以培养人的刻苦、顽强、坚毅、勇敢、果断、自信心、自制力和进取心等意志品质。各民族的体育活动往往是有组织的社会活动，能培养人的纪律性、协作精神和集体主义精神；各民族体育文化有一些约定俗成的规则，能培养人的公正、诚实、谦虚、礼貌和友好等优良的道德作风；民族体育文化的竞争性能培养人的拼搏和进取精神。

人是社会美的主体，人的美最能反映出社会美的本质，人是民族体育文化的主体，它是人的自由创造活动。民族体育文化能够满足人类社会的需要，是人与社会和谐的产物。如蒙古族自古生活在北方辽阔的草原上，“以车马为家”常年逐水草迁徙。自然环境的严酷，要求他们必须具备强壮的体魄、坚强的毅力以及高超的技艺，才能适应游牧生产和生活的需要。因此，蒙古民族历来就重视和酷爱体育竞技。赛马、射箭和摔跤被称为蒙古男儿的三艺，这三艺是政治、军事及生产生活的需要，掌握了三艺的蒙古族男子才能够真正承担起在部落的责任。

三、形式美与心灵美的统一

生命的和谐表现为生命形式与主体心灵的统一。通过体育活动使人的体格健壮、肌肉发达、体态匀称、充满活力，给人一种健、力、美的审美感受。而人在体育活动过程中展现出来的节奏、韵律、造型、协调、力度和速度，更能让人感到整个生命的充实与和谐。在体育活动中还表现出人的情感、意志、性格、道德、情操等，如坚毅豁达、明智开朗、勇于进取、敢于拼搏、品德至上等。民族体育文化活动，是形式美和心灵美的和谐统一。

希腊所处的地理位置决定了希腊人生活方式乃至他们的精神世界。在希腊，盆地被一道道山岭阻隔，岛屿难以到达，互不依存的小公社充分利用每一个成员的能力，独立为自己的生存和富裕努力奋斗。因此，在希腊人的精神世界里充满了勇敢开拓、探索未知的精神，注重发展人的智力和体力，造就了希腊人独立、自由，在一切生活领域内追求最好成绩的民族性格。古希腊人的生活方式和精神世界使得他们认识到体育对人的身心的调节作用。在古奥运会的开幕日，运动员、裁判员在宙斯神像前庄严地宣誓，保证遵守规则，进行公平竞争。在日后几天的赛跑、五项竞技（铁饼、标枪、跳远、赛跑、角力）、三项比赛（拳击、格技、角力），赛马、赛战车、武装赛跑等比赛中，在遵守规则的基础上，公平竞争，表现出运动员的力量、速度、技巧等良好的体能和技能以及勇敢顽强的进取精神，古奥运会的竞技比赛是形式美和心灵美的完美统一。在遥远的古代，古希腊体育让我们看到了一幅形式与心灵统一的美的画卷。

春秋末年，奴隶制礼崩乐坏，孔子以旧的礼乐框架注入新的思想意识。因此，在带领学生进行射箭比赛时，在赛前，孔子让他的学生子路宣布：凡是打败仗的将军、亡国的大夫，都不能观看比赛；只有懂礼而又行为端正的人，才有资格观看；不好学而又不好礼的人，也没有资格观看比赛。孔子不仅注重射箭技能、身体素质的提高，更注重思想品德的培养。射箭比赛的参加者和参观者，都要在体育比赛中受到教育，培养良好的心理品质。[①] 这既是儒家的“寓教于乐”，同时也表现了在我国古代，在体育活动过程中非常重视形式美和心灵美的协调统一。

参考资料

1. 〔俄〕普列汉诺夫著，曹葆华译：《普列汉诺夫美学文集》第一卷，人民出版社 1983 年版。

2. 杨辛、甘霖：《美学原理》，北京大学出版社 2003 年版。

3. 祁志祥：《中国美学原理》，山西教育出版社 2003 年版。

4. 〔匈牙利〕拉斯洛·孔著，颜绍泸译：《体育运动全史》，中国体育史学会 1986 年版。

5. 张涛主编：《中国少数民族传统体育概览》，中央民族大学出版社 2008 年版。

6. 杨圣敏：《中国民族志》，中央民族大学出版社 2003 版。

7. 刘秉果：《中国古代体育简史》，上海古籍出版社 2010 年版。

8. 魏延：《体育美学起源概述与发展》，《民营科技》，2010 年第 9 期。

9. 秦德平：《浅析体育中的美学》，《龙岩学院学报》（增刊），2005 年第 23 卷。

10. 田祖国、白晋湘：《民族传统体育美学价值与广场文化建设》，《南京体育学院学报》，2008 年第 1 期。

11. 张磊：《中国民族体育美的价值》，《中国校外体育》，2013 年 4 月下旬刊。

12. 冉孟刚：《从体育美学视角审视贵州土家族傩舞的艺术特征》，《体育科技文献通报》，2011 年第 8 期。

① 刘秉果：《中国古代体育简史》，上海古籍出版社 2010 年版，第 9 页。

第七章　民族体育文化的传承、保护与发展

第一节　民族体育文化的传承

“文化传承”是指文化在与主体结合的过程中受内在机制的支配而具有稳定性、完整性、延续性等要求，并在整个社会发展中呈现出再生的特性。文化传承是一个动态的历史过程，每个民族都有自己的文化和传统，都不可能强行中断，都将世世代代不断延续和发展，其根源是：民族文化自身具备着某种传递和延续生命的手段，都有一整套自己的传承机制。这种文化传承机制与人类物质资料的生产和人类自身的再生产并行不悖，甚至与人类的生产和再生产共同构成为社会再生产的基本内容。正因为如此，一个民族中的成员一代又一代地随时光流逝消失了，而整个民族的文化却一代又一代流传下来，并随人类的发展越来越强大，越来越丰富。与文化的横向传播不同，它主要在人们共同体内部的代际间纵向传递。表面上看，人创造文化，文化又缔造人，文化与主体的结合都是通过“传”和“承”这两个并存的环节实现的。但在这个过程中，由于人类的文化元素不是简单地累积起来，而人对文化的承接又是一个逻辑有机地组合过程，才使文化在传承中呈现稳定、延续、再生的特点和要求，最终表现为模式化发展。所以，文化传承是文化本身具有的属性，是人类文化发展的内在机制和动因，民族体育文化的传承涉及许多根本的文化要素。在现代世界经济形势下，过去民族文化的纵向传承是在自然经济的背景下进行的。而现在，它们面临着全球化与现

代化的冲击。如果说自然经济曾经是民族传统文化的保护伞，如今的全球化与现代化是否对民族传统文化起冲击和瓦解作用？时代的要求需要我们担负起民族体育文化传承、保护与发展的责任。

一、民族体育文化是宝贵的文化资本

“资本”最早是经济学领域的概念，但是随着社会学研究的不断深入与发展，“资本”的概念被引入社会学及其他研究领域，用于解释不断出现的新的社会现象和问题。对于文化资本的研究最早产生于社会学和经济学领域，但是真正文化资本概念的产生来源于当代法国著名社会学家布迪厄的文化资本理论。布迪厄认为资本可以分为经济资本、社会资本、文化资本、符号资本等不同形式。他在论文《资本的形式》中提出：文化资本“泛指任何与文化及文化活动有关的有形及无形资产”。布迪厄把“文化资本”划分为三种类型：“1. 具体的状态，以精神和身体的持久‘性情’的形式；2. 客观的状态，以文化商品的形式（图片、书籍、词典、工具机器，等等），这些商品是理论留下的痕迹或理论的具体显现，或是对这些理论、问题的批判，等等；3. 体制的状态，以一种客观化的形式，这一形式必须被区别对待（就像我们在教育资格中观察到的那样），因为这种形式赋予文化资本一种完全是原始性的财产，而文化资本正是受到了这笔财产的庇护。”① “第一种是文化资本的客体状态，第三种是文化资本的主体状态，第二种则介于客体状态和主体状态之间，是对主体状态的‘客观’承认和证明。文化资本的三种形态可以相互转化。”② 布迪厄“将资本理解为一种社会学概念。对‘资本’概念的非经济学扩张，布迪厄认为资本至少具有‘物质的’与‘非物质的’两种基本形式，物质资本在交换过程中可以表

---

① 包亚明：《文化资本与社会炼金术：布尔迪厄访谈录》，上海人民出版社1997年版，第192—193页。

② 韦文华、索良柱：《被阉割的“文化资本”——兼与陈青生先生商榷》，载《作家杂志》，2008年第3期，第153页。

现出非物质形式，而非物质形式的资本也可以表现出物质的形式。”[①]

民族传统体育是民族文化中重要的组成部分，“是民族文化中最活跃、最积极和影响最直接、最广泛而又深远的社会实践活动之一。”[②]孕育了深刻的文化内涵。它的形成与发展有其深刻的历史原因，它与自然环境、人们的生产生活方式、军事斗争、信仰、教育和人的思想情感等有着密切的关系。从民族传统体育当中蕴含的深厚的文化内涵分析，它是丰富的文化资本。按照布迪厄划分的文化资本的三种形态，这三种形态在民族传统体育中都有呈现。但是，民族体育文化多以是身体形态表现出来的，也有的是以物化的或客观形态呈现。但是正如布迪厄的观点这三种文化资本的形态是可以互相转化的。如，民族传统体育项目龙舟竞渡是中国文化当中龙文化特征的完美体现。它是由多个民族所共有，由龙神崇拜、地理环境、生产生活方式相融合，经历了漫长的发展过程，成为集思想性、竞技性、娱乐性为一体的民族传统体育项目。至今南方水乡在每年的五月初五进行龙舟竞渡，居住在云南大理地区的白族在每年八月八日要举行传统的“耍海会”进行龙舟比赛，龙舟竞渡是傣族“泼水节”的主要内容，苗族的龙舟节多在五月中下旬举行。今天我们所看到的是龙舟竞渡所表现出的竞技性、娱乐性、健身性；在历史的演进过程中，它的原始蕴涵逐渐被置换和遮蔽。鄞县古为堇子国，春秋时是越国的一部分，1976 年在此出土了一件春秋时期的青铜钺，其有鲜明的越族风格，属于越族铜器。在铜钺的一面有与铜钺形状一样的边框线，线框的上方有两条相向的龙，下方边框线的底部表示狭长的轻舟，上座 4 人，头戴羽冠，双手划船。可以说在春秋时期，古越族就已经有竞渡的习俗了。我们现在所看到的龙舟竞渡，古代到现代是以具休的和客观的形态呈现出来的，而各地举行的龙舟比赛和四年一届的民族传统体育运动会则使龙舟竞渡成为制度化的文化资本。事实上龙舟竞渡积淀了深厚的文化内涵，是一笔丰厚的文化资本。

---

① 姜雪婷：《从布迪厄“文化资本”角度谈传统武术非物质文化的发展》，载《吉林体育学院学报》，2008 年第 2 期，第 23 页。

② 盛琦、丁志明：《中国体育风俗》，天津人民出版社 1992 年版，第 1 页。

二、民族体育文化存在的意义

民族传统体育是现代体育运动项目的主要源头之一。奥林匹克运动项目被称之为现代竞技体育运动项目，虽然这些运动项目大多都源自西方，但是历史上它也是西方某个地域或某个民族或某几个民族的传统体育项目。由于近代工业革命以后，西方成为现代文明的发源地，在各个领域迅速发展，在世界上处于领先地位，对世界的影响越来越大。随着西方经济在世界统治地位的形成，其文化对世界的影响也随之加大，反映西方文化价值观念的现代奥林匹克运动也自然变成了世界性的主流体育活动，这也是为什么在现代奥林匹克中西方的运动项目占主要地位的原因之一。

中华民族在其漫长的历史发展过程中，创造了独具魅力、丰富多彩的古代文明，形成了世界上仅有的延绵不断、高峰迭起、不断推陈出新的文化体系。在很长的历史时期里，中国文化在世界上处于领先地位，创造了先进的物质文明和精神文明成果，中国文化形成了较完备、成熟的文化模式。1840 年，中国第一次被外国打败；1894 年“甲午海战”中国被一个小国日本打败，从此东方大国的神威就此不再。随着文明大国的衰落，中国文化的地位和影响力随之不断地下降和边缘化，甚至被妖魔化。在这以前中国文化在封建社会创造了高度的文明，并在很多方面成为西方文化的一种资源和精神滋养。像孟德斯鸠、伏尔泰、莱布尼兹这样的大思想家对中国文化做了很多的吸收，欧洲的文艺复兴是在吸收了大量的中国文化的基础上完成的。

现在西方文化作为一种强势文化在世界占有主要的地位，西方文化有其独特的文化传播方式和特别旺盛的文化辐射力。但是，文化不同于科技，文化不能同质化；科技可以全球化，但是制度、思想、信仰、生活方式等则不应一体化，而应当是一个逐渐尊重差异化的过程，是一个由趋同到差异内涵丰富的过程。所以，任何民族文化都有其存在的价值和意义。

西方文化作为一种“强势”文化，它在全球的发展，实际上是一种“独语”，而不是一种“对话”，西方文化以其强大的制度先进性和经济实力为基础，成为当今世界的“主流”。在这样的背景下，我们既要了解和熟悉世界各民族的思想文化，在与世界各民族思想文化的激荡中保护、弘扬和发展民族文化，这样我们才能够完成中华民族的伟大复兴，中华民族才能继续屹立于世界民族之林。面对西方现代体育的主导地位，民族体育文化更应有其存在的意义和价值。因为，民族体育文化是一个民族通过长期的生产生活实践、军事斗争、信仰、风俗习惯等不断地积淀外化为的身体行为，它凝聚了一个民族在其历史的发展过程中不断形成的智慧、理性和创造力，从另一个角度反映了一个民族最本质的特征；是一个民族区分其他民族的边界之一；它表现了一个民族内在的群体意识、群体精神；是一个民族与其他民族进行文化对话的话语之一，而这个话语因有其丰富的表现形式，更便于各民族之间的文化交流，更容易产生理解，引起共鸣，成为各民族之间联系沟通的纽带。

三、民族体育文化在体育文化中的价值

民族体育文化深深蕴藏着所属民族的文化基因和精神特质，反映和表现了一个民族共同的心理结构、思维习惯、生活风习等内容。有着规范民族的群体生活方式、思想价值取向的作用，能够促进民族的共识和认同感。

中国自古是一个地域辽阔、民族众多的国家。每一个民族的文化都是中华文化的重要组成部分。“历史上，中原汉文化给各少数民族的经济和社会发展带来活力，而中国很多少数民族的文化又给中原汉文化不断输入新鲜血液，使之不断更新而保持活力。历史上，汉族和少数民族的先民一直进行着各自文化的双向交流和传播，双方互有影响。”① 在当今开放的社会、信息化的时代，中华民族的体育文化如同历史上的中原汉文化与少数民族文化一样，中华民族的体育文化在世界体育文化当

① 杨福泉：《论我国现代化进程中的少数民族文化保护》，载《思想战线》，1998 年第 5 期，第 32 页。

中具有不可替代的地位和作用。

民族体育文化丰富了世界体育文化的内容。2008年奥运会在北京成功举办，16天的奥运会只有在开闭幕式上中国的传统文化才得以展示，而竞赛的主要内容是西方现代体育唱主角，充分表现了西方的价值观。但是，西方的体育文化并不能代表世界体育文化的全部，世界体育文化应是丰富多彩的。用辩证的观点看现代文化与传统文化只是相对的，传统文化也不只是代表落后，没有生命力，而现代文化就代表着先进和旺盛的生命力。西方的现代体育就是继承了古希腊的文化传统，表现了争强好斗的古代竞技体育精神，而且具有以人为本、强调独立自主、奋斗进取、竞争拼搏、民主法治、公平合理的文化特色。所以，西方的现代体育也是根植于民族体育文化，民族体育是现代体育的源泉。如，中国的传统体育项目武术虽然不是奥运会的比赛项目，但是它在世界的影响之广泛之深入并不亚于奥运会的比赛项目，“习武之人不只是沉醉于其高超的技艺之中，更重要的是被蕴藏于中华武术当中的文化精神所吸引。用文化资本的理论分析武术具有物器技术层、制度习俗层和心理价值层。”[①] 武术同样能够达到强健身体、陶冶情操的作用，充分表现了体育文化对人类身心的影响。中华民族是由56个民族组成的大家庭，各民族有着丰富的体育文化资源，是保持世界体育文化的多样性不可或缺的资源。

民族体育文化为我们认识人类历史提供了活化石。因为，作为历史发展的产物，民族体育文化从另一个角度保存和反映了一个民族在历史进程中不同时代生产力发展状况、科学技术发展程度、人类创造能力和认识水平的原生态。

四、民族体育文化基因的传承

文化基因是指相对于生物基因而言的非生物基因，主要指先天遗传

① 陈振勇：《从布迪厄的“文化资本”审视武术文化的继承与发展》，载《成都体育学院学报》，2007年第3期，第19页。

和后天习得的、主动或被动、自觉或不自觉而置入人体内的最小信息单元和最小信息链路，主要表现为信念、习惯、价值观等。

英国演化生物学家道金斯（Dawkins）于 1976 年在《自私的基因》中提出了文化基因（Meme）一词，他认为 Meme 是一个表达文化传播的单位，或是一个复制的单位，如旋律、观念、宣传语、流行的服装、建筑式样等。[①] 威尔金斯（Wilkins，1998）指出 Meme 是选择过程中社会文化信息（Socio－Cultural Information）的最小单位，[②] 牛津英文字典（Oxford English Dictionary）把 Meme 定义为：文化的一种要素，可设想为一种非基因手段的复制。从这里来看“基因”一词很明显是一个源于生物工程学的术语，是生物体遗传上的一个基本单位的名称，它保持着生命延续复制的密码，可以在相应的组合排列下，形成新的生命。这个词语在加上“民族体育文化”的前冠词之后，两个不同学科中词语的内涵就发生嫁接，词语上叫“民族体育文化基因”，含义上也就指民族体育文化上的一个基本单位，也就认为民族体育文化中有一种类似于生物体基因性质的东西存在。

民族体育文化基因的概念是很宽泛的，某个概念可以是一个文化基因构造。如中国传统武术、导引养生中的天人合一中“天”这一概念，它的形成初始于什么时候我们很难弄清楚，文字上最早对“天”的概念记载并不说明什么问题，因为文字只不过是记录了这个来自远古的概念，它大致来源于人类的最初印象，因为天无所不在，肯定是先民最早关心的问题，天是什么？可能是人类的先民最先碰到的一个难题。可以说，人们为它思索了几万年，故而它表面上仅仅是一个单音节的字词，但实际上的文化容量，却大大超出了一般字词所能包容的东西。可以说这个从人类初始印象而来的概念，一直像幽灵一样，世代相继，并没有什么力量能把它从现存的文化中剔出，或者给予它重新界定。当然，某些原始时代的概念在现代的体育文化运行中已经不会发生新的界定，但

① Richard Dawkins，The selfish gene（new edition），Oxford：Oxford University Press，1999.

② WILKINS，JOHNS. “What. s in aMeme?” reflections from the perspective of the history and philosophy of evolutionary biology，Journal of Memetics，1998，12（3）：22－35.

这种新的界定应该说是存在的，只不过这种界定是在原有的概念圈内，对其内涵的增减变换而已，其基本的核心中的文化内涵未变。

再如某些习俗也能是一个民族体育文化的基因构造。在远古，人类在精神文化领域里创造了许多观念，这些观念中的某些观念给人的印象非常深刻，对人的物质生存和精神生存发生过重要作用，并长期影响人们的生活，那这些观念就有可能被人们有意无意地具象化，构成某种竞赛习俗，成为一个文化基因构造。属于以上无形文化中的基因构造还能有许多方面，体育观念、竞赛习俗、比赛常规，还有来自远古的禁忌，等等，全都能像基因一样排列于现存的民族体育文化中。

无形文化中的基因构造是民族体育文化基因构成的一个非常重要的部分，但有形文化中的基因构造也很重要。在今天的社会中，我们所有的人类社会的形形色色的社会组织形式、政治形式、政党社团的组织形式，都无一不透着远古有形文化的影响。例如，民族体育的组织形式、制度。我们不能确定第一个喊出统一大家精力和体力的号节者是什么时候出现的，但在人类最初的民族体育的社会组织结构形成之后，人类后来的纷繁复杂的民族体育组织形式就再也掩不住“号节者”的声音。民族体育文化基因正是分布在以上的有形文化和无形文化中，它们在某种意义上说很微小，可每个基因的个体又都是一个单位，并表现了民族体育文化的基础性质，即每个基因都能在民族体育文化的运动中或淹没，或过渡，或形成焦点，爆发出强大的文化能量。民族体育文化基因自然不是一种实体，也不纯粹是一种精神概念的表述，而是一种对民族体育文化现象的界定。不是所有的民族体育文化因素都能成为民族体育文化基因，但民族体育文化基因又必须在民族体育文化因素上构造。这表明民族体育文化基因是游荡在人类体育文化基础结构中最活跃的成分。

在人类的早期，先民为了猎取食物，打制石器，掰折棍捧，并以此来对付飞禽走兽，采集木根花果，或奔跑，或跳跃，或投掷，或攀登，或爬越，民族体育也就有了它最初的跑、跳、投、掷的基因。但在当时，人类还不能完全征服大自然，而只能依靠幻想中的形式与力量，借助于某些无意中的巧合和自己微薄的努力。于是，强化自身和祈求他物幻想中的神灵和魔力，就成了人们维持生存的需求。这一动力促使人类不断吸取前人经验，改造劳动工具，以各种形式强化自身体能；并将劳动、战争和生活中的自娱形式在劳动间隙中常演示给神灵以博神灵之快乐，求得神灵的保佑和支持，这样同时也促成了民族体育文化的娱神和劳动基因的形成和留存。在原始社会中后期，采猎的食物有所剩余，先民中有了闲散人员、老人和小孩及闲暇时间，并开始有目的、有计划、有意识地传授劳动（采集、狩猎）技术和娱乐健身本领，出现了最早的教育及娱乐基因。

五、民族体育文化传承的方式

（一）口传心授、效法模仿

传统体育属于传统文化中的技艺类，“口传心授、效法模仿”是其主要的传承方式。从字面上来理解，“口传心授、效法模仿”分为两个部分：一是言传，二为身教。两者所表达的意思和涉及的内容也不完全一样，前者授法，后者授技；二者侧重点也不同，前者的重点在于学习者对所学技术动作的理解和感悟，后者则注重模仿传授者的肢体动作。

“口传心授、效法模仿”作为一种原始的传统体育传承方式，被传承者在长者的教授下逐步学习和掌握了传统的体育项目，尤其对那些技巧性和危险性较大的体育项目，经常采取“口传心授、效法模仿”的形式。

（二）生产劳动过程

各民族在原始的生产劳动过程中，传承着民族体育文化。如渔业生产与赫哲族的生活息息相关，网、钩、叉和船是主要的生产工具。他们使用最早、最古老的船具为独木舟，用一棵整杨木凿成，一丈多长，船头翘起，名为“杨木雕”（赫哲语：敖拉泌），只能坐一人，用来叉鱼，或快速行驶，后来被“桦皮快马子”船（赫哲语：乌末日沉）所代替。“桦皮快马子”则以桦木做船架，以桦树皮做船体，此船体轻，可由一人扛起带走。赫哲人在闲暇之余，常举行“桦皮船”比赛，并进而衍生为日后的体育游戏项目。

（三）毗邻交流

毗邻交流也是民族体育文化传承的一种形式，事物总是由发源地向外呈辐射状传播。距离是媒介不发达时代游戏或者项目交流的主要障碍。所以，某一项民族体育活动的接受总是由近及远。体操项目 18 世纪前在瑞士、德国兴起，逐渐向其周围的波兰、比利时、荷兰、意大利等国扩散。1870 年前，这些国家都开展了这项运动，然后才逐渐传到世界各地。中国的武术也是由东南亚开始逐渐传遍全世界的。地理上的毗邻对民族体育项目的交流传播起到了相当重要的作用。

（四）宗教祭祀、集贸交易活动

各民族在长期的社会实践活动中，一些宗教祭祀仪式、集贸交易逐渐演变为体育活动中心，形成了极具民族特色的民族体育项目，并延续下来。例如锡伯族的抹黑节以及赫哲族的跳鹿神活动等。其中，在遥远的古代，赫哲先民为祈求出猎吉祥、狩猎丰收，一般在每年的“三月三”、“九月九”举行隆重的萨满鹿神舞，赫哲语叫“温吉尼”；蒙古族的那达慕大会，集集贸交易与体育比赛活动为一体，他们用这种原始的宗教仪式、集贸交易活动来为本民族消灾祈福、欢庆娱乐，文化色彩十分浓厚。可以说，宗教以其独特的内涵和表现形式，集贸交易以经济沟通为中心，为民族体育文化的传承发展起到了积极的作用。

六、民族体育文化传承中亟须处理好的关系

第一，优秀的民族体育文化遗产和现代奥林匹克先进的思想意识还没有有机地融为一体，整个民族体育文化的发展出现断层的趋势。比如竞赛的文化理念及其价值体系，传统的体系已明显被冲破，而新的体系又没有建立起来，所以文化价值摇摆不定。体育作为现代社会文化的重要组成部分，越来越受到“全球化、奥林匹克化”的影响，呈现出标准化、统一化的趋势。从这个趋势来看，西方现代体育的价值观，对各

民族的体育文化形成了冲击，民族体育将面临重大抉择：要么对国际大趋势不闻不问，故步自封，通过立足于本民族之中寻求新的发展空间；要么改头换面，通过放弃自身的特点和优势，从而获得世界的认同。可以说，体育奥林匹克化的趋势，使民族体育的保护陷入困境。尤其是以奥运会为代表的体育全球化的强势介入，一定程度上影响了民族体育文化的梯次发展，造成了整个社会对民族体育文化的忽视。

第二，培养民族体育项目人才，弥补人才的缺口。发展和传承民族体育文化离不开人才。人是文化的人、社会的人，一切物质技术的进步都离不开人的社会实践活动，都是一定社会、文化背景下的人创造的，单个的人不能创造文化，更谈不上推动社会的发展。在创造物质财富、推动社会进步的活动中，由于这个活动本身具有连贯不间断的内在要求，而人的物质生命又是有限的，作为个体的人将一代代逝去，所以只有通过精神文化的生产和再生产，不断地把人类已获得的知识、信念、价值等文化信息传递给新的社会成员，形成一种文化传承机制，人类社会才能不间断地向前发展。民族体育人才的不足已成为制约民族体育发展的瓶颈。在我国许多少数民族地区，一些少数民族青年因当地发展空间有限，他们多选择到大中城市去寻求发展机会，并潜移默化地接受了所在地强势文化的熏染，逐渐淡化了本民族的传统体育文化。另外，当地政府对少数民族传统体育项目重视程度不足，没有制定出相应的少数民族体育项目人才培养、奖励、激励机制，因工作不到位，一些少数民族人才迫不得已，最终放弃了本民族的传统体育项目。

第三，物质文化繁荣与民族体育文化繁荣并举，提升创新能力。物质文化的繁荣还不够，民族文化的繁荣必须伴有传统文化的繁荣，民族体育文化需要在当今物质文化发展的前提下，提升创新能力。任何一种文化想要得到有效的传承和发展离不开创新，民族体育文化也不例外。各民族所特有的体育文化要在全球化过程中生存发展，文化创新是生存的唯一道路，也是适应全球化时代背景的前提条件。历史上，通过文化整合创新而繁荣发展的体育文化不乏先例，例如日本的柔道、韩国的跆拳道，都是具有自己民族特色的体育项目，在国力逐渐增强时，选择恰当的时机，在奥运大舞台上通过创新而传向全世界。

第二节 民族体育文化的保护

一、培养对民族体育文化的自觉意识

（一）唤醒社会的“文化自觉”，保留民族体育文化发展的痕迹

文化的根系总是深培厚植于民族的沃壤之中，文化创新的高度往往取决于对民族文化遗产发掘的深度。所谓文化自觉是20世纪90年代社会学家费孝通先生提出的，他指出“文化自觉是生活在一定文化中的人对其文化有‘自知之明’，明白它的来历，形成过程，所具有的特色和它的发展趋向。”[①] 2006年北京大学中文系乐黛云教授在北京国家图书馆“文津讲坛”的演讲中指出：“我们正面临着一个世界的大变局”，要寻求另一种文化全球化，“即一种多极均衡、文化多元共生、各民族和谐共处的全球化”。要想“世界大多数人的思潮”取得胜利，“就要有文化自觉。”[②] 文化自觉是文化主体对自身的文化内容、文化渊源及文化发展前途的觉醒，其中不仅包括对文化中优秀元素的肯认和对消极元素的批判，更是对已有的文化价值观的反思和建构，文化自觉在实践层面表现为理性的文化态度。

正如联合国教科文组织指出的那样：“对于许多民族，非物质文化遗产是本民族基本的识别标志，是维系社区生存的生命线，是民族发展的源泉。”我们不仅要关注自然生态之河的断流、森林面积的缩小、臭氧层的消失，更要关注古老深厚的民族文化之河的断流抢救与保护，各民族的优秀文化，需要全社会的共同觉醒和努力。

一种民族体育项目的消失或者失传会让我们永久失去一种民族文化的符号，民族体育文化不能像断线的风筝，随风而逝。在当今世界经济

---

① 费孝通：《费孝通论文化与文化自觉》，群言出版社2007版，第190页。

② 乐黛云：《文化自觉与社会和谐——乐黛云教授在北京国家图书馆“文津讲坛”的演讲》，［EB/OL］. http：//theory. people. com. cn/GB/49157/49165/4432537. html/2006－6－4。

全球化、科技现代化、政治多极化的趋势中，民族体育文化也面临被单一化的危险，在此背景下探讨民族体育文化的保护有其独特意义。全国人大常委会副委员长许嘉璐指出："在与西方文化的碰撞、冲突乃至吸收中，我们要自觉地加强中华民族文化的建设而在中华大文化建设中，我们的民族民间文化又处于相对的弱势，亟待加紧保护和建设。"保护民族体育文化不仅是保护几项传统游戏、几个比赛项目、几项民俗运动，更是保留民族走过的痕迹，从而唤起民族的文化自觉意识，使体育文化自觉上升到理性的层面，成为全民族认同的价值和行为方式，吸引更多的人加入保护民族体育文化的队伍。

民族体育方面的文化自觉从主体上区分为民族体育自觉和个体民族体育的文化自觉。个体的民族体育文化自觉是个体人从反思自身的体育思想、行为进而觉醒到孕育思想行为背后的民族体育文化。民族体育的文化自觉则是整个民族对自身体育文化经历获得的整体意识的反思。个体的民族体育文化自觉与民族的体育文化自觉是辩证统一的，个体的民族体育文化自觉表现和构成整体的民族体育文化自觉，整体的民族体育文化自觉又融入个体民族体育文化自觉中。这种民族体育文化自觉意识是文化主体在文化自觉中所表现出来的文化主体性特质，民族体育文化自觉意识表达和体现的是对本民族体育文化的起源、形成、演变、特质和发展趋势的理解和把握。对本民族体育文化与其他民族体育文化关系的理性把握，其功能是对民族体育文化价值观建构中彰显出的能力。

在经济全球化、体育奥林匹克化的文化浪潮冲击下，出现了世界很多不发达地区民族体育文化的危机，导致很多民族只知道西方体育存在的现实，这种文化危机是全球化过程中强势国家凭借其经济的、学术的、教育的以及文化上的优势所实现的文化扩张而产生的结果，引发了当今世界一系列体育文化和价值的冲突和民族体育文化的深刻危机。从一个民族文化形成的历史来分析，一个民族的文化历史愈长，文化积淀越厚，文化的民族性就愈强。历史愈短，文化积淀越薄，民族性就愈弱。我国传统民族文化模式形成于秦汉时期，民族体育文化中所蕴含的"自强不息，厚德载物，天人合一，道法自然"的体育精神源远流长，是世界多元体育文化体系的重要文化资源。

不同的民族、国家和地区产生了不同的体育文化形式，它们的存在和发展呈现出不同的形态。世界上各民族的体育文化之中又贯穿着一般的东西，即共同的普遍的属性，也就是文化的世界性。体育文化是一个民族的历史经验的积淀，它的功能在于对民族自身历史经验的解读，每一种民族体育文化都有其自身的独特性和限定性。如果一个民族丧失了体育文化的自主性，不能用自己的体育文化来解读自身的历史经验，听凭其他体育文化来超越其限定来解读时，那么就必定会产生对民族自身生活世界的误读和误导，进而引发出民族性生存危机。

包括中华民族在内的许多民族，都在长期的历史发展中形成了各自独立的体育文化传统。当今的世界仍然是一个多元体育文化并存的世界，不是中国传统体育文化西方化，也不是西方的体育文化中国化，而是双向传播、两性互动、多样体育文化并存，这一发展趋势不仅是现存的必然，更是全球体育文化生存与发展的必然。

（二）民族体育文化自觉意识的养成要素

当人们深入到民族体育文化的内核层面，就会发现现代人恒定的民族体育文化价值观缺失是普遍现象，松动的民族体育文化观念是共同特点。这虽然是现代奥林匹克标准化以来所导致的世人的体育运动方式和生活方式转变所形成的，但在现代人民族体育文化价值观的肢解日益强化下，民族体育文化自觉意识的养成对于个体体育和民族体育建立恒定的文化价值观具有重要作用。民族体育文化自觉意识的养成需要具备如下要素：

第一，民族体育文化的超越意识。民族体育文化的超越意识是指对民族体育文化的反省、审视和批判的文化意识。唯物主义的文化观认为文化存在决定文化思维，文化思维也反作用于文化存在，这正是文化自觉的理论基础。民族体育文化超越意识在表象意义上体现为人作为体育文化的存在，总是寻求着自我的超越、极限的突破、自我的意义，而它是通过在体育实践中创造体育文化的对象化过程实现的，人在对象化的体育文化存在中找寻自身，又试图通过创造超越的对象化存在达到自我的跃迁。

民族体育文化自觉意识养成下的民族体育文化超越意识需要深厚的民族文化土壤，这个文化土壤里一定要具有人以外的超越性的客体，而这个超越性的客体给予人的是终极的体育文化价值观，如此体育文化存在下才可能有相应的民族体育文化超越意识。所以我们需要检讨在我们的民族体育文化中是否有此因素。民族体育文化自觉意识的养成不仅需要通过文化超越意识的元素获得表达，现代民族体育文化秩序的培养，我们要有超越的意识，用批判的眼光面对传统民族体育文化及其他民族体育文化。文化超越是对自我意识的批判，通过对人类体育文化的整体反思，才能达到民族体育文化对自我的肯定，扬弃文化对自我的否定。

第二，民族体育的文化边界意识。文化边界意识是对主体具有的文化赋予的定性和定位感的获得，属于文化安全范畴。2009 年中国社科院研究员、中国民族学会副会长兼秘书长何星亮在谈到文化安全时就指出：要树立文化自觉意识。如果说开放意识是当代人经历各种文化交织后已经培育出的心态，那么在这个心态下，文化边界意识是一种文化生存意识。

人是独特的存在，所以在民族体育文化自觉意识养成中必然要有属人文化与非文化和反文化的区分，民族体育文化边界意识正提供了此种功能。体育文化具有属人性，所以人的体育文化也一定体现人性，人性与非人性之间存在的界限在现代道德下滑的情势下在模糊。为此，人类需要用体育文化边界意识去醒觉。不但如此，体育文化边界意识的功用也在于对自我民族体育文化体系把握中不单了解自我民族体育文化的核心及其衍生的体系，而且对衍生的范围、延续的边界有所觉察。人之所以在民族体育文化自觉意识的养成中建立民族体育文化边界意识的原因在于：首先，人是在文化中生成自我，但自我价值一经文化建构起来就容易走向绝对化。在历史中人往往把一些观念绝对化，今天却在把人或自身绝对化，绝对化的后果是走向抽象和偶像的困境，最终是虚无的结果。正是在此种背景下，人审视自身民族体育文化方向时，发出警戒的底线意识，即边界意识。其次，现代体育文化自觉意识养成中，民族体育文化边界意识之所以成为构成元素，在于在物质主义和感觉主义充斥的西方现代体育文化氛围中，民族体育文化边界意识能够体现文化主体的理性特征，由理性出发引导人类健康的体育文化情感，从而在西方主导世界体育文化张力中不至于因民族体育文化主体的自主性反而丧失民族体育的自主性。人类要建立有恒定民族文化价值观支撑的民族体育文化，在民族文化自觉意识养成下的民族体育文化边界意识，凸显其中的整合调适作用。

每一个民族体育文化对于所属民族来说都具有它的合理性和不可替代性，从整个人类来看，不同体育文化之间的互动是人类文明发展的重要动因。在体育文化全球化的历程中，保持体育文化的多元化，才能避免体育文化步入“特化”之路，在当今西方体育文化已日趋特化之际，保持其他族群的生活方式与体育文化边界与特性，就如同我们保护濒临灭绝的稀有物种一样，是为了全人类的体育文化永续存在而为之。

民族体育文化是一个民族的黏合剂，是族群认同的根基，民族体育文化被消解，这个民族也就会因为失去共同的价值信仰、符号体系而离散。一个民族的体育文化就是该民族的一种自我意识，民族体育文化一旦遭到摧毁，这个民族就会成为缺乏自我意识、没有主体性的民族，也就无从表达民族独特的思想、经验、价值和利益，从而也就无从建立起解析自身生活世界、生活经验的意义框架，这就意味着一个民族的自我放逐。

第三，坚持民族体育文化的自主意识，并不意味着一个民族体育文化的自我封闭，或是固守本有的体育文化传统。而是相反，民族体育文化只有在与异质体育文化的交流与碰撞中，对异质体育文化做出选择性反应中才能得以发展。一个民族的体育文化对于所属民族来说，是永存的潜流，它只有在不断地海纳百川中才会绵延相继，更新长流。为此，一个民族的体育文化自觉自主意识必定蕴涵着文化的开放意识，我们要学会尊重和欣赏各种不同的体育文化，不但要“各美其美”，而且要“美人之美”。我们要学会与不同体育文化进行沟通与对话，在自己的历史经验和生活世界中去自主选择异质体育文化的价值，汲取异质体育文化的有益成分，自觉地进行体育文化的继承和嫁接，壮大和发展本民族的体育文化。西方体育文化之所以能不断更新，长期持续发展，正是因为它在一定程度上获取了文化的自觉。

民族体育文化自主意识首先要自觉到自身文化的优势和劣势，发扬优势，克服弱点。其次要对在历史上所形成的旧文化即体育传统文化进行新的现代性诠释，使其得以更新，有益于今天的世界。再次，要审时度势，深刻了解世界体育运动趋势，成为世界体育文化新建构中不可或缺的重要组成部分。

二、树立开放式保护理念

20 世纪以来以现代科技和大工业为核心的现代化，是一种超越民族文化差异的经济力量，这种以普遍一致的理性化、标准化、通用化、模式化为特征的物质力量，对全球加以普遍一致的改造，使得人类的外部物质世界和生活方式变得单调、雷同，正在无情地销蚀着世界各民族文化的个性及多样性特征。任其发展下去，将会造成现代人精神世界与文化空间的日益趋同、单调，这种平面式的、单向度的人类思维与精神文化模式，可能会抑制人类生机勃勃的创造性、丰富奇妙的想象力和对多元文化、异域文化的理解与宽容，从而使人类丧失文化上精神上自我更新、自我改造的机会与途径。而人类正是依凭着文化上精神上的多样性和丰富性才得以相互启迪、相互激励、相互弥补，从而在面临未来发展中可能出现的种种危机时得以拥有更多的选择机会和克服危机的多样性手段。

美国未来学家约翰—奈斯比特夫妇认为，制约 21 世纪人类社会发展的将是全球性生活方式趋同与民族意识的激化。外部世界的日益相似，使人们更加珍视、更要坚持由自己内部所产生的文化传统。“全球生活方式和文化民族主义”，是 20 世纪 90 年代影响我们生活的十大趋势之一。“即使我们的生活方式越来越相似，但是却有一种强大的反潮流不可忽视；一种反对统一性的力量，期望保留自身文化和语言的独特风貌，抗拒外来影响。”①

---

① John Naisbitt, Megatrends 2000（《2000 大趋势》）, Ten New Directions for the 1990s, William & Morrow Company, Inc. , 1990. P45.

面对奥林匹克运动的统一化和标准化，民族体育文化的保护就显得极为重要。民族体育文化与外来文化以及国际体育文化之间并不是相对的。不同地区与不同时代的文化完全可以在某同一文化空间内存活。民族体育文化的保护建立在其发展必须和时代的发展同步，从而不断获得新的能量和补充。事实上，从历史发展进程来看，各民族文化从来就不是单一的、隔绝的和孤立的，而是多种文化并存、相互沟通和交流。各民族文化之间互相碰撞、影响、学习和渗透，都曾经从他民族文化中吸收过文化营养。在世界不同民族文化的交流发展实践中，民族体育文化都可以发挥作用。

因此，在保护我国民族体育文化资源时，应该积极倡导对外来文化、外部文化和现代文明的包容，广为吸纳，从容应对，自我调适，保持个性，“和而不同”，进而实现文化的转型与变迁，以适应现代社会发展的需要。

三、民族体育文化保护的多元化

（一）提高民族体育文化的“认同感”和“自豪感”

保护民族体育文化资源，要在全社会形成对民族体育文化的认同，对民族体育文化有强烈的自豪感。在体育锻炼活动中，除了进行现代的体育活动项目外，自觉参加民族体育项目的运动，以民族体育文化为荣，自觉地维护民族体育文化，弘扬民族文化。国外可以学习的例子有法国、韩国、日本、泰国，上述国家都没有因为现代化而迷失自我，丧失民族文化。法国在 WTO 条款上要加上“法国例外”，充分表达了法国对民族文化的自豪和骄傲。韩国、日本的跆拳道和相扑在进入奥运会前后，都完整地保留了本民族体育文化的全貌。进行民族体育文化资源的竞技化、产业化开发是体现一个民族体育文化自豪感的关键途径，也就是说要将民族体育文化进行适当的改造、包装，形成体育文化产品，诸如举办武林大会、中外搏击比赛，然后向外输出中华体育文化，这有利于转变民族体育文化自身的封闭性质，使其成为开放性的文化。

为了使各民族更好地提高对民族体育文化的认同感和自豪感，了解并传承本民族体育文化，第一措施是与教育结合。挖掘民族体育项目，开发具有地方特色的民族体育课程并使之进入课堂是很好的生态保护与活态传承方法。各民族地区中小学乃至高校可以利用课程改革的机会，将民族体育文化项目纳入课程设置，帮助学生了解各民族体育文化，增强学生的民族自信心和民族自豪感，掌握本民族优秀的健身方法，推动学校体育教学的发展。

（二）推动政府重视民族体育文化的现代化转型

从静态的保护向动态的开发转变，对民族体育文化的保护不是静态的尘封，而应该在保护的基础上进行合理收集、整理、开发，实现“多样性”的终极目标。历史流变性的特点也决定了民族体育文化的保护不是封闭的和一成不变的，而应该顺应大众对竞赛、健身与休闲活动的需要进行开放式的保护，要在保护与利用、继承与创新、传承与发展的辩证关系中维护民族体育文化系统的平衡性和完整性。民族文化的传承和发展与社会需求密切相关，如果失去社会需求，民族文化就会消失。“在现代社会中，传统文化由于失去市场而消失的情况不少，必须通过开发利用传统文化资源为其寻求新的生存土壤”①，而民族体育文化则是传统文化的重要组成部分和特色优势资源。

在当前的政府目标考核体系中，即使当地政府与相关主管部门有很强的文化自觉，但当区域文化保护与经济发展形成冲突与矛盾时，在社会经济发展压力面前，其保护经常要做一定程度的退让。而另一方面，相对独立的环境的确对保持和传承民族体育文化的完整和纯正性具有重要意义。因此，民族体育文化资源的保护必须基于区域内民族自觉的意愿，不能完全靠外在的强制力量来限制，民族民间体育文化要与发展当地经济结合起来，发展特色产业，走文化产业化道路，并让人民群众真正参与进去，使他们得到直接的发展红利，从而增强对民族文化的自信心，提高自我传习、保护和发展本民族民间体育文化的能力。这就要求

① 段超：《再论民族文化生态的保护和建设》，载《中南民族大学学报》，2005 年第 4 期，第 63 页。

在开发过程中一方面要尊重地域民族的文化选择，另一方面要力求做到维持现代化与传统性的平衡、商业化与原生性的平衡、开放化与约束性的平衡。要提高民族民间体育文化品位，通过文化的转型使当地民族适应现代文明，在保留自身的文化特质的同时也能享受到现代文明。实现民族文化的现代化转型，要具备民族文化的基本框架、基本内容，在此基础上实现转型。如果民族文化已经不复存在，已经被外来文化占领，实则属于民族文化的消失而不是转型的问题。民族文化转型，实则也就是对现代化的适应和发展。

（三）制定和完善关于民族体育文化保护的政策和法律法规体系

要从依法保护和发展的高度来认识民族体育项目的保护、发展，加强民族体育项目资源保护方面的立法工作。目前，我国还没有一套保护各民族优良传统体育文化项目的法律法规。

加强立法是各级人民政府对保护民族文化负有的重要责任，应当采取一切措施，切实保护民族文化资源。一是全面贯彻党的民族政策和文化政策，通过落实政策来实现对民族文化资源的保护。要借鉴国内外保护民族文化遗产的成功经验，用法律的手段规范和保证包括民族体育文化在内的民族民间文化的传承。近年来各级政府和主管部门出台了各种政策法规对民族文化进行保护。例如云南省颁布的《云南省民族民间传统文化保护条例》，贵州省出台的《贵州省民族民间传统文化保护条例》，这些政策法规对于保护民族体育文化也起到了重要的促进作用。然而，到目前为止，尚无加强民族体育文化的专门保护条例。各级政府尤其是体育职能部门应尽快针对我国民族体育现状加强立法保护研究，抢救、保护、传承濒危的优秀民族体育文化。

（四）建立民间体育文化生态保护区

文化生态保护区是指在一个特定的区域中，通过采取有效的保护措施，有形的物质文化遗产和无形的非物质文化遗产相依相存，并与人们的生活生产紧密相关，同时与自然环境、经济环境、社会环境和谐共处的生态环境。划定文化生态保护区，将民族民间文化遗产原状地保存在其所属的区域及环境中，使之成为“活文化”，是保护文化生态的一种有效方式。到目前为止，国家已经设立多个国家级民族民间文化生态保护区。按照民间约定俗成的古老习惯，在确定的时间和固定的场所举行传统的大型综合性的民族文化活动，如遍布在我国各少数民族地区的传统体育节庆活动，符合联合国教科文组织非物质文化遗产代表作有关“文化空间”规定，可以参照非物质文化遗产的其他代表作形式，确立若干以自然环境、物质文化遗产为依托的体育文化空间，建立民族民间体育非物质文化遗产专题博物馆和传习所，或者在已有的国家级文化生态保护区内建立独立的民族体育文化生态保护区，对保护区内的传统体育文化遗产项目加以专门保护与扶持。

第三节　民族体育文化的发展

当今世界经济文化发展的全球化大趋势使得人们过多地注意各国、各地、各民族如何去顺应全球化，而较少反思全球化的单一性、强制性对世界多元文化的破坏，亦较少探讨文化多样性对全球化的匡正、补充乃至完善的意义，更缺乏通过对公认的文化多样性典范的地域、民族、社区加以实证调查研究，予以个案化的、可操作性及示范性较强的二者融通关系的研究。

如果我们不能清楚地揭示民族体育文化的内在生命力，不能阐明民族体育文化多样性的丰厚内涵及其价值，就很可能在急剧的、非理性的状况下盲目加入世界体育的一体化，被动地接受奥林匹克化乃至西方全部体育文化，致使民族体育文化被蚕食、被丢弃。而世界体育的未来发展，也寄希望于各国各民族优秀体育文化传统的发扬光大，寄希望于体育文化多样性的发展。

民族体育文化的生存和发展需要诸多条件和因素的支持，在文化互动和交流过程中，作为内在因素，民族体育文化承载主体的作用尤为重要，主体意识的觉醒程度对民族体育文化的延续和发展，对民族体育文化的生态保护和建设影响深远。从主体视角探讨民族体育文化，有助于促进民族体育文化的发展，促进民族文化的繁荣。

一、树立民族体育文化的主体意识

（一）文化的主体意识

什么是文化主体意识？国学大师楼宇烈先生提出了一个很好的解释，他说：“所谓的主体意识，其实就体现为对传统文化的自尊和自信。”① 就是对本国文化的认同，包括对他文化的尊重、保护、继承、鉴别和发展等。在他看来，“在文化层面，如果缺乏主体意识，这个民族的灵魂就没有立足点。我们只有确立了自己的文化主体意识，才能够去跟其他的文化交流、对话，才能够去向别人学习和吸收。”② 拥有了主体意识，我们就不会在现代化的文化交流中妄自尊大或妄自菲薄，就能做到“有效地、有针对性地吸收外国文化的养料”来滋养、发展本国文化，保持本民族的文化在世界上的独立性。

（二）中外体育文化的价值互补对民族体育文化主体意识发展的影响

文化的核心首先体现在价值观念上，西方体育文化传承西方文化的核心价值，比较重视个体的价值和实现，而中国传统文化更多地重视群体的价值，强调个人利益服从群体利益，体育文化中竞争对抗的因素薄弱。这种差异来源于不同的生命观。文艺复兴以后，西方的生命观都有基督教的文化背景，认为每个个体的生命都是上帝创造的，个人和父母和兄弟姐妹一样都是上帝的子女，这些个体生命应该对上帝负责。而在中国传统文化里，一直认为天地是一切生命的根源，所谓天地合气，阴阳之气一合，万物就生长，所以天地是生命的根源。而生命是分类的，每一类都有它自己的根源，所以每个个体生命只是价值生命链中的一个环节，只有在整体的生命链中才能体现它的价值。文化还体现为思维方式。中国传统文化的思维方式的特点是强调考虑问题要从全局出发，当

---

①② 楼宇烈：《中国文化的主体意识》，《中国航空报》，2010 年 1 月 21 日，第 007 版。

各个部分集合成一个整体以后，整体里面的每一个部分都是其中的一部分，它跟其他的部门之间存在着有机联系，我们不能够再把它从整体中还原出来。强调在动态中看待问题，而不是静止地看问题等。

中国传统文化以人文思维方式为主，西方思维方式是以西方近代理性主义的实证科学思维方式为主，实证科学思维模式到了20世纪相对论出现以后，发生了很大的变化，现代物理学中大量使用庄子所谓的混沌理论、模糊逻辑的理论，把中国的阴阳、道家的自然、禅宗的修禅这样的概念都用到现代物理学中，科学的研究也已经不再是一个静态的研究，而是把很多动态的中国传统文化的研究方式、思考方式关联进去。

现代奥林匹克运动秉承科学的、静态的、逻辑的线性思维模式，采用标准化、统一化、格式化的运作模式，难以理解中国传统文化的人文思路。所以，思维方式非常重要，民族传统体育文化要了解中国传统文化的内涵和要义，弘扬中国传统文化的理念和价值观念，树立起中国传统文化的主体意识，重塑我们的思维方式，或者说重新了解中国传统文化的体育人文方式。在中外体育文化的沟通与交流中，在融入西方体育文化的同时，保持完整的中国传统体育文化的主体性，形成交流和互补。

（三）大众体育文化对民族体育文化主体的强烈冲击

世界经济一体化引起世界各地区、各个国家在制度、法律、生活方式、价值观念、信息传播等诸多方面的改变，并且这种进程正在加快。由于人员、经济、文化交流的日益频繁，不同国家和不同地域民族之间的文化在不断相互吸引、融合、同化、对峙、抗拒乃至冲突。经过不断的发展和演变，已形成多元的文化格局。民族体育文化需要积极开展国际的体育文化交流，吸取一切有益于民族体育文化的成分，积极发展和推进民族体育文化的更新和发展。同时，在经济一体化背景下的文化交流中，我们又面对着西方文化的强势，这对本来就处于劣势的民族体育文化来说，会产生非常消极的影响。

大众体育文化是在现代工业社会和市场经济充分发展的背景下，在技术理性支配下形成的由各种媒体推动的一种新的通俗文化形态。在现代社会中，它渗透到了日常社会生活的每一个层面。它本是一种商品，是与现代大工业生产和当代资本主义密切相关的以工业方式大批量生产、复制的消费性文化商品，体育方面的例子数不胜数，诸如篮球的NBA、足球的英超、德甲、西甲，棒球的美国大联盟，等等。这种现代体育文化以各种令人眼花缭乱、无法回避的声音、颜色、形象等形式，通过广告、流行歌曲、畅销小说、商业电影、电视剧、动漫、休闲报刊等丰富的媒介创造和开辟了巨大的体育文化消费市场，吸引了大量的观众和青少年，并通过商业关系实现其文化价值，获取了巨大的利润。当下，大众体育文化以各种通俗形式在中国社会流行，在中国体育文化和意识形态领域里形成主流，挤占了民族体育文化的生存空间。这种休闲性和娱乐性极强的大众体育，不同程度上通过这种特殊的消费来影响和支持着个体的体育文化心理和意识，不断消解民族主体意识，以貌似松散和自由的形式控制了主体，掠夺了其他文化的受众，使传统体育文化在许多边界上受到了强烈的冲击，对生态相对脆弱的民族体育文化和主体性较弱的民族体育个体来说影响更大。人是文化的承载者和主体，主体意识的迷失和独立性、创造性的弱化，容易使个体对本民族文化产生淡漠和缺乏责任感，在文化吸收、选择过程中自然会处于麻木状态，积极的拒斥作用和排异功能就会降低。正因为如此，大众体育文化才能随着各种媒介的不断丰富以各种通俗形式潜移默化地侵入民族体育活动的日常生存空间，悄然改变着主体的生活方式、思维习惯和价值观念，影响着主体的宗教信仰和文化习俗。通过改变个体，逐渐影响文化遗传的基因和文化存在发展的基础，进而使民族体育文化湮灭在现代性的体育文化洪流中。

二、民族体育文化与现代西方体育文化的同等价值

民族体育文化作为长期形成的一种最根本的文化信念和价值系统，直接或间接地影响到一个民族体育文化的发展。未来是传统的延伸，是在继承、发展和扬弃传统的基础上产生的，是对传统文化的重组和对新文化的建构，是民族认同和凝聚力的集中体现。

民族体育文化也是人类共同的财富，随着世界交往的扩大，世界文化市场为民族体育文化的展示提供了更多的机会和适宜的舞台。各国、各个区域的民族体育文化不仅具备体育文化的一般特征和属性，更富有独具一格的特色，带有强烈的民族文化气息，内含浓厚的民族意识。每一个地区或国家都有自己的传统体育，在一定程度上成为这些地区和国家的象征，如英国的板球、印度和巴基斯坦的曲棍球、美国的棒球、巴西的足球、韩国的跆拳道、日本的柔道、中国的武术等。

不同国家、地域的民族在其自我发展过程中均有自己的文化支撑，存在区域特性，并以此为支撑点逐渐发展成具有地域特色的文化体系。在这一体系中，从价值观、意识到行为都有自己的评价标准和规范。如果人们将民族体育文化视为一个系统，那么将会看到这些系统都是在与其他体育文化系统的关联中而获得自身的存在地位的，而且不同系统间的边界是模糊的，不同系统间总要产生能量、信息等的交换。唯其如此，系统内部才可能获得更大的能量，使自身充满活力。

从历史的角度看，不同社会的运行机制也存在差异，这种差异强化着人们的价值观、意识和行为规范，使社会的习俗沿着一定的方向发展。然而，体育文化在现今的交流更多的是融合，只有不断地交流、充分地融合才能为地域文化的发展提供动力，才能使地域文化被全球所认同。日本的柔道正是经历了一条交流、融合之历程，它虽然采取了竞技体育的形式，但核心内容却保留着深厚的民族风格。当然，民族文化的发展必然要经过一个时期的封闭式成长过程，只有在一个相对封闭的环境中，备受民族文化熏陶后才能孕育浓郁的民族文化气息。同时民族文化只有在不断成熟中才能蓄积“文化反弹”所需的足够能量。因为“文明的所有手段或工具，都必须在人们追求当下目标的过程中证明其自身的效度，无效者将被否弃，有效者将被保留，随着旧的需求的满足以及新的机会的出现，新的目标也会不断出现。”① 总而言之，民族体育文化的变迁就是不断地调适人与自然、人与人、人与自身的关系的结

---

① 〔英〕哈耶克著，邓正来译：《自由秩序原理》，生活、读书、新知三联书店 1997 年版，第 37 页。

果。福柯曾说过："要求逃离当代现实体系，以便制定出有关另一个社会、另一种思想方式、另一种文化、另一种世界观的完整方案，这种企图只能导致最危险的传统复辟。"① 正如学术自由是学术繁荣的前提一样，民族体育文化自身的发展变化也必须有一个自由的空间。切莫以为人们因为认识到了体育文化多样性的某些意义就可以说保护传统体育文化是当务之急，从而忽视了传统体育文化的具体价值和运动理念。

随着当今科学技术的发展，任何一个民族文化的发展都不可能立足于孤立、封闭的环境，只有在借鉴、融合的基础上才能趋于成熟和提升。现代社会频繁的交往，扩大了人与人、民族与民族间的联系，使民族体育文化在交流与融合中表现出许多共性的特征。各国、各地区的民族体育文化虽然形式多样、特点各异，但目标是一致的。实践表明，民族传统体育文化对各国、各民族地区社会的稳定与进步以及政治、经济、文化的发展起到了积极的促进作用，在与其他民族之间政治、经济、文化的交流方面同样也起到了纽带的作用，它使体育文化相互借鉴、相互融合、相互促进、共同提高，使其更有效、更广泛地服务于全人类，这一趋向必然导致民族体育文化的共性不断增大，显示出强大的社会功能。

在当代中国体育文化欲走出国门之时，应更多地吸纳、引进世界体育文化，因为世界体育文化将使中国体育文化的层面和内涵得到极大的丰富，也使中国的传统体育在全球文化交流中有了共同的"语言"。同时，中国传统的体育在与其他民族体育交流中得到了推广，深受其他民族的认可，同样丰富了全球体育文化的内涵。不同民族的体育文化在结构上表现不一，但在本质上是一致的，即一种作为主体的自我对作为客体的自身进行修炼，进而达到增强体质的目的。恰恰由于这种同质异构特性，使得体育文化的交融成为可能。在不同地区发展不同的民族体育项目，使其保持原有的文化性格，具备相应的地域性，是体育文化持续发展的根本所在。"有了民族体育文化独立发展的基础，在文化共享意

① 汪晖、陈燕谷主编：《文化与公共性》，生活、读书、新知三联书店 1998 年版，第 438 页。

识的影响下，不断地将成熟的项目推广，为全人类服务才成为可能。实际上，民族体育文化已经成为奥林匹克运动的基础，并为其提供着源源不断的体育资源。”①

三、民族体育文化应适应现代化的发展

世界范围的现代化进程，需要每一个民族都要在现代化与传统文化之间寻找平衡，都要协调处理好现代化与民族传统文化的关系。一方面，现代化是每一个民族繁荣昌盛的必由之路；另一方面，每一个繁荣昌盛的民族都应保有自己优秀的传统文化，都应保有自己民族的基本特点。丧失现代化将意味着民族的贫困、国家的衰落，丧失传统文化则意味着民族的消亡。这就在理论和实践上构成一组尖锐的矛盾，正确处理这一矛盾，将有利于民族文化的繁荣。

源远流长的民族体育文化是中华民族的瑰宝，也是中国文化的典型代表，其涵盖面涉及中华民族儒释道的世界观、人生观、道德伦理观念以及医学、文学、美学等多个层次和领域，这些精神文化内涵铸就了中华民族的凝聚力，也是中华民族世代繁衍维系、生生不息进取精神的动力，在大力发展经济、世界到处闪烁着科技文明的光辉、而文化信仰的灯塔却显得相对暗淡的今天，民族体育文化的传承与发展更具有一定的历史意义与人文价值。

对于现代化的理解有多种，按照最新版现代汉语词典的解释，“现代化（modernize）：动词，使具有现代先进科学技术水平。”② 民族传统体育是否要“现代化”？如何“现代化”？从文化学角度来讲，一个国家的强大不仅仅是物质的丰富、经济的发达，更重要的是精神文明、民族文化的繁荣发展。一个没有伟大文化传统和智慧的国家是不可能长远生存和发展的。

---

① 杨发魁：《关于全球化与民族体育文化发展的思考》，载《青海民族学院学报》，2008 年第 3 期，第 161 页。

② 中国社会科学院语言研究所词典编辑室：《现代汉语词典》，商务印书馆 2008 年版，第 1479 页。

对民族传统体育的现代化转变是大势所趋。社会从传统向现代的转型是一个不可逆转的动态过程，涉及经济、政治、社会和文化等各个方面。

不同时代的人有不同的文化需求与改造，文化一成不变地传承是难以实现的，传承必须与发展相结合，与近代生活相融合，找到传统文化价值观与现代社会多元文化价值观的对接点，方能实现文化更新和延续。

衡量新生事物是否合理的标准是看它能否满足社会需求。任何一种文化形态都要依托一定的社会现实需要才能实现自身的发展，否则将变为文化遗产符号。社会的发展、价值观的变化决定了民族体育必然要拓展新的发展道路，以满足当今社会人们的体育文化需要。

“借用‘周虽旧邦，其命维新’的古语，民族体育文化虽多为旧学，但其命同样维新；而维新之道，端在人的文化信仰与学术的自觉，这也是民族体育文化的现代命运与使命。”①

四、民族体育文化蕴涵能量的持久释放

（一）有组织地挖掘与整理民族体育文化并加快创新步伐

民族体育传统文化是中华民族文化重要的组成部分，具有十分珍贵而独特的文化价值，是构建中华民族文化多元一体格局的重要基础。近年来，由于全球化、信息化、都市化及市场经济的冲击和影响，我国民族社会、经济、文化状况发生着持续的变迁，导致一些民族传统体育文化在我们还未来得及认清其社会性质与作用时就已失传、消失、解体，这无疑对加强民族传统体育文化挖掘与整理现状的研究、制定切实可行的民族体育文化挖掘、整理、保护措施提出了迫切而严峻的要求。

在这种情况下，更需要加强民族体育文化的发掘、复原、保存与提炼。但是由于各民族体育项目繁多、内容复杂、形式多样，对其进行整

---

① 赵进：《对民族传统体育“现代化”争议的思考》，载《体育科学研究》，2011 年第 3 期，第 15 页。

理、提炼就不仅需要研究者花费大量的精力，而且需要政府对此予以长期的经济、资源等各方面的支持和投入，同时还需要制定一系列的法律法规对其进行规范。在挖掘与整理的过程中，各种必要的、有效的技术手段也是十分必要的，而这一切都需要政府的大力支持。在此基础上，民族体育文化必须发展和创新，才能适应当今社会不断发展的文化变革。人们对于文化拥有自身的需要，文化在不断的创新中才能发展文化自身的诸多功能，真正融入人们日常的生活学习工作中。在物质需要基本得到满足的今天，文化更需要满足人们日益增长的文化需求，这将是文化进一步发展的契机。只有加快文化的创新，才能为文化注入新的活力。民族体育文化也需要创新，需要在不断地发展摸索中寻找文化的创新点。①

（二）将一些优秀民族体育项目纳入教育和全民健身体系

现代社会将学校视为人类社会发展的"动力站"。知识的保存、传授、传播、应用与创新，以及文明的传承与创新，人才的培养等都在很大程度上建立在学校教育的基础上，将遴选出来的优秀民族体育项目纳入教育体系，对促进民族体育向现代化发展具有十分重要的作用。具体来说，我们可以有计划、有目标地将民族体育运动项目融入高校公共体育教学课程中，以实现民族体育活动在学校的积极开展。

民族体育是生于民间、长于民间的一种文化形式，它一般情况下都具有独特的仪式和较强的娱乐性，这样才能吸引大众参与到民族体育中来。其中具有独特仪式的民族体育文化形式大多是人们通过这些活动来表达自己对神灵、祖先、大自然的信奉与崇拜，当然也有一部分是表达自己对心上人的爱慕的。可以说，民族体育文化是人们满足精神需求的一种重要方式。同时，民族体育蕴含着中国古代哲学和传统中医的理论，在增强人体健康、保持心情舒畅等方面具有其特殊的效果。在大力倡导全民健身的今天，开发民族传统体育，将其纳入全民健身体系之

---

① 杨蔚：《文化创意产业语境下的传统文化创新》，载《华南理工大学学报》（社会科学版），2009 年第 1 期，第 11—25 页。

中，不仅是全民健身活动开展的需要，也是民族体育现代化发展的重要体现。

（三）正确应对国外体育文化的冲击，加强民族体育文化与世界体育文化的交流

中华民族的传统文化具有包容性，在漫长的历史长河中，中华民族的文化一直在融合外来文化，最终演变成为现在中华民族文化的多样性。世界各国的文化都有其特点，“世界多元化”背景下外来文化全球化趋势也将加快。文化之间存在共同的特征，这有助于文化之间的融合，同时文化的差异性也表现得比较明显，这是由不同的民族、地域和历史原因造成的。

中国的民族体育文化面临国外体育文化的冲击，首先要保持自身文化的核心价值。在这样的环境下，文化本身的价值就显得尤为重要。只有人们了解文化本身存在的价值，才会选择这些文化及其文化产品。体育文化自身也要包容其多样性，吸取外国文化的优点，同时发现自身的不足并努力改正。民族体育文化之间要互相尊重，创造一个和平发展的环境，才能促进各民族文化的共同发展。

现代社会中，现代化体育的冲击，全球化趋势的演进，都在很大程度上对民族体育文化提出了开放与交流的要求，要求民族体育文化加强与世界体育文化的交流，而只有通过这些交流，民族体育文化才能走出国门，走向世界，在大力向世界展示中华民族优秀的体育文化的同时，取得长足的发展。

（四）重视文化的传播，探索民族体育文化外向型产业发展道路

世界强国必然也是世界的文化强国，国家及政府要重视文化的传播。为推广瑜伽运动，印度在多国军事演习中士兵表演的瑜伽动作引起记者的关注，瑜伽与军事的结合充分说明印度政府对于瑜伽文化的重视。文化的传播决定文化发展的广泛程度，世界多元化理念下文化的融合和交流，使得加强文化的传播就显得尤为重要。

民族体育文化要发展，必然要制定文化传播的规划，只有在文化

"走出去"的过程中与国外先进文化交流学习，才有助于其自身的发展。不断地提出新的传播方案和思路，将中国的民族体育文化在全国乃至全球范围内传播。

在市场经济不断发展的今天，全球化及其所带来的经济一体化已经成为一种不可逆转的历史潮流，纵观社会文化形态的发展，一种文化形态要想长久地发展下去，只有不断地适应社会形态的发展。也就是说民族体育文化要想在全球化这种大环境中发展和创新，就必须积极地适应社会发展的要求，即积极地探索与培育出自己的国际化产业化道路，进行市场运作。只有这样才能一方面使民族体育文化不断发展，另一方面也能够给民族体育文化开阔更大的生存空间。从而在全球化的世界文化同质化的大环境中，获得自己的立足与发展空间。

参考文献

1. 包亚明：《文化资本与社会炼金术：布尔迪厄访谈录》，上海人民出版社 1997 年版。

2. 盛琦、丁志明：《中国体育风俗》，天津人民出版社 1992 年版。

3. 费孝通：《费孝通论文化与文化自觉》，群言出版社 2007 版。

4. 〔英〕哈耶克著，邓正来译：《自由秩序原理》，生活、读书、新知三联书店 1997 年版。

5. 汪晖、陈燕谷主编：《文化与公共性》，生活、读书、新知三联书店 1998 年版。

6. Richard Dawkins, *The selfish gene* (*new edition*), Oxford: Oxford University Press, 1999.

7. John Naisbitt, *Megatrends* 2000 (《2000 大趋势》), Ten New Directions for the 1990s, William & Morrow Company, Inc. , 1990. P45.

8. 中国社会科学院语言研究所词典编辑室：《现代汉语词典》，商务印书馆 2008 版。

9. 韦文华、索良柱：《被阉割的"文化资本"——兼与陈青生先生商榷》，《作家杂志》，2008 年第 3 期。

10. 姜雪婷：《从布迪厄"文化资本"角度谈传统武术非物质文化的发展》，《吉林体育学院学报》，2008 年第 2 期。

11. 杨福泉：《论我国现代化进程中的少数民族文化保护》，《思想战线》，1998 年第 5 期。

12. 陈振勇：《从布迪厄的"文化资本"审视武术文化的继承与发展》，《成都体育学院学报》，2007 年第 3 期。

13. 陈丽珠、毕仲春：《西方现代体育主导下的民族传统体育文化资本的保护与发展》，《沈阳体育学院学报》，2013 年第 4 期。

14. WILKINS，JOHNS. "*What. s in aMeme?*" *reflections from the perspective of the history and philosophy of evolutionary biology*，Journal of Memetics，1998，12（3）：22 – 35.

15. 乐黛云：《文化自觉与社会和谐》，乐黛云教授在北京国家图书馆"文津讲坛"的演讲［EB/OL］. http：//theory. people. com. cn/GB/49157/49165/4432537. html/2006 – 6 – 4。

16. 陶克祥、周志俊：《全球化语境下的体育文化自觉及其发展》，《黄山学院学报》，2009 年第 6 期。

17. 段超：《再论民族文化生态的保护和建设》，《中南民族大学学报》，2005 年第 4 期。

18. 楼宇烈：《中国文化的主体意识》，中国航空报，2010 年 1 月 21 日第 007 版。

19. 杨发魁：《关于全球化与民族体育文化发展的思考》，《青海民族学院学报》，2008 年第 3 期。

20. 赵进：《对民族传统体育"现代化"争议的思考》，《体育科学研究》，2011 年第 3 期。

21. 杨蔚：《文化创意产业语境下的传统文化创新》，《华南理工大学学报》（社会科学版），2009 年第 1 期。

22. 刘魁立：《文化生态保护区问题刍议》，《浙江师范大学学报》（社会科学版），2007 年第 3 期。

第八章　民族体育文化的交流与融合

从系统论的角度来看，整个民族传统体育是一个大系统，由各个民族、各个地区构成的各个单一民族文化区域是一个小系统。各系统之间通过各种媒介相互交往、相互影响、相互作用，从而促进各系统不断优化，增强民族活力，促进社会发展。各个民族区域由于地理环境和人文因素的不同，形成各自独具特点的民族体育文化。各民族体育文化系统既有特殊性，也有共性。正是因为有共同性，所以不同民族体育文化之间才可能进行交流；正是因为有特殊性，不同民族体育文化之间才有必要进行交流。民族体育文化正是在这种文化交流中使文明程度不断提高。从某种意义上来说，一个民族体育文化只有善于吸收其他民族的优秀体育文化成果，才能促进自身更快地发展。

第一节　中华民族体育文化发展历程中的交流与融合

一、中华民族体育文化形成的地理和人文条件

任何一种文化的形成都有特定的地理、人文环境，并和特定的历史条件相联系。从这些方面来看，中华民族体育文化形成的条件优越，基础雄厚。

从地理环境来看，中国地处亚洲的东部，东南面对浩瀚的太平洋，有着漫长的海岸线。西北则是高耸入云的横断山脉和一望无际的沙漠、草原，西边高，东边低，黄河、长江都蜿蜒地由西向东流去，最后汇入大海。在古代交通工具相对落后的情况下，这种地理环境显然限制了中

华民族与外界的交流，形成一个幅员辽阔而又相对独立的地理单元。在这个地理单元内，既有众多的高山、大河，也有大片肥沃的平原。沿海地区还有大小岛屿星罗棋布，和内陆关系密切，形同一体，使海陆文化完美地结合在一起。中国基本上处于北温带，四季分明，土地肥沃，雨量适中，气候宜人，地形结构复杂多样，生态环境构成复杂，适于人们从事不同的民族体育活动。中华民族在这片土地上世代生息繁衍，不断地交流和融合，形成四通八达的交通网。在这片土地上，各地区具有自己的文化特色，对中华民族体育文化做出了自己的贡献，最终形成了丰富多彩而又独具特质的中华民族体育文化。相比而言，世界上其他几个体育文化系统形成的地理环境就相对狭小，如古希腊奥林匹克文化形成于半岛之上。

就文化形成的范围来讲，埃及文化形成于尼罗河流域，以伊拉克为中心的两河流域文化实际上处于沙漠的绿洲上，印度文化的地理范围稍大，但是也无法与中华文化的地理范围相比，流传至今的民族体育项目仅瑜伽而已。这充分表明，形成中华体育文化的区域广阔，基础丰厚而坚实。

在辽阔的中华大地上，由于地形复杂，形成许多各具特色的大小不一的地理单元。在这块大地上生活的各个民族共同组成了中华民族大家庭。在这个民族大家庭中，除了人口占绝大多数的汉民族以外，还有55个少数民族。

各个民族生产力发展水平不同，风俗习惯不同，在各自的生活区域创造了各有特点的区域民族体育文化。各区域民族体育文化相互交流、相互学习和吸收，从而形成了博大精深的中华民族体育文化。像农耕型民族体育文化、狩猎型民族体育文化，都是区域民族体育文化，它们都为中国民族体育文化做出了重要的贡献。中国民族体育文化深深根植于中华民族这个有强大生命力的民族共同体中，也正是由于中华民族具有多族同源的特性，从而为中国民族体育文化提供了独特而又坚实的人文环境。

中华民族体育文化的形成和发展也有其特定的历史条件，这种历史条件与上述的地理和人文环境有密切的联系，但又不能相互代替。

古人类学家通过丰富的考古材料证明，我国是人类的发祥地之一，在一百万年前中华民族的始祖就在这片土地上生息繁衍。经过千百万年的发展，到夏、商、周时期已创造出灿烂的文明。到了汉代，作为中华民族主体的汉民族已经形成，在这个共同的地理区域内，有了共同的语言和共同的经济生活，也有了共同的民族文化心理和民族体育文化的哲学观念。

在农业经济背景下，中华民族体育文化以传统哲学的身体观、生命观为思想基础，首先，“贵生”、“重己”的身体观及其对生命价值的充分肯定。“贵生”的思想在我国最早的历史文献，历代尊为六经之一的《尚书》已有明确的表达。其次，“天人合一”的生命观与独特的自然养生思想的形成。如果说，“贵生”、“重己”的身体观为中华传统体育文化提供了坚实的思想基础，那么“天人合一”的生命观则为中华民族体育文化体系的构建提供了可操作性的理论指导，从而使这种可能成为现实。

中华民族体育文化内容繁多，有以独特的养生术、武术为主要外在表现形式的民族体育文化现象。中华民族体育文化根植于中国传统哲学的丰沃土壤，很早就已经建立起独立的精神本原。但就其本质而言，往往都是根据“天人合一”、“道法自然”的理论设计出来的。这一独特的体育文化成果不仅具有极大的包容性，而且具有极强的渗透性和旺盛的生命力。因而，在相对封闭而漫长的中国农业社会历史进程中，中华民族体育文化一直作为中国人造就身心健康的主要理念向导和基本手段来源。

二、中华民族体育文化间的接触与交流

（一）民族体育文化间接触的价值

民族体育文化间的接触是指体育文化特质、结构和要素等在人类社会范围内的流动，也就是在不同地区、不同民族、不同国家的社会群体和个体之间的传递。民族体育文化的接触是通过人们的社会活动来实现的。不同的历史时期，民族体育文化的社会地位不同，接触的方式也显

示出不同的特点。

稳定的政治局面为民族体育文化接触与发展提供舞台，民族纷争是无所不在的，所谓稳定只是一个相对的概念。在中国古代史上，取得稳定的主要有汉代、隋唐时期和明清时期。宋朝虽不稳定，但体育之风盛行，主要还是承袭汉唐之遗风。在这几个时期里，我国民族体育文化交流与发展非常迅速。如在汉代，从出土文物及文献记载可以看出，其体育项目繁多、分布较广，呈现一派欣欣向荣的景象。汉代是我国重要稳定的封建社会时期，引进了大量的异域文化，为汉胡文化交流提供了条件；隋唐时期，不仅汉地经济稳定发展，而且正确处理与周边民族的关系，各地使臣络绎不绝，民族间的交流达到空前的兴盛；明清时期是由汉族占统治地位向少数民族占统治地位转变，满族统治时，及时处理好与汉、藏、蒙古族的关系，社会出现康乾盛世，国土空前广大，包括了域内大大小小的民族。清朝统治者除对部分非满族文化的扼制外，还诞生了一些新兴的体育文化，如滑冰、冰球、滑雪等。[①]

在历史发展进程中，有的民族体育项目不仅受本地区、本民族人民的喜爱，而且由于教育、娱乐、健身、交流等因素，符合其他临近民族的需要而被借用，经过吸纳、共生、丰富和发展原有的内容和形式，又以新的面貌广泛流行于各民族间。

不同地域文化接触的结果，必然带来不同文化的相互影响和渗透，使得一元变为多元，单一变为复合。

实际上，各民族体育文化在传播的过程中，必然要经过接触、联系、冲突、适应、调整、吸纳的阶段和过程。经历文化调适之后，才能实现向本土民族体育的转型，形成新的更具生命力的民族体育文化形态。

民族体育文化的接触价值首先体现在本民族传统文化的表现形式方面，它融民俗、体育、舞蹈、音乐为一体，多种民族传统文化方式交融、渗透，相互融汇，承载着大量的民族传统精神。既使民族文化相互

---

① 黄聪：《中国古代北方少数民族体育文化研究（下）》，载《体育科学》，2008 年第 9 期，第 42 页。

融汇，形成双向结合，又使多种民族文化形式借助体育运动作为外在的表现形式，形成一种新型的综合性民族文化，极大地丰富了民族传统文化的内涵。其次，在民族文化接触价值的内在属性方面，民族体育文化直接或间接地反映了一定历史时期民族政治、经济、民众生活、道德伦理、民间文化和民族心理等多方面情况，涉及民族学、历史学、社会学、人类学、伦理学等多学科、多领域内容。在历史的发展过程中，具有悠久历史，有发达的社会文明作后盾的社会文明系统，在与其他民族体育文化的接触、冲突过程中，虽然发生了结构性的变化，但是在向新型体育文化转型的过程中，保持了其本区域、国家的民族体育文化中的民族精神，同时也吸纳和融入了大量的其他地域、民族体育文化中进步的要素。

（二）民族体育文化的变迁与整合

民族体育文化的变迁是由其发展和演变过程中产生的文化特质和丛结变化的不断积累而引起的民族体育文化结构、形态等总体性的急剧变化。民族体育文化的变迁仍然是一个发展的问题，是发展过程的一个从量变到质变的过程。民族体育文化的变迁不可能在一朝一夕实现，总是通过一个个民族体育文化现象、文化特质的渐变，逐步过渡到民族体育文化精神层面、行为制度层面和物质层面的普遍性地改变，民族体育文化的主体是人。它的变迁也必然经过人的认识发展过程，在民族体育文化特质和丛结从量变到质变的过程中，必然伴随着人的认识从自发到自觉的发展过程。从民族体育文化与人的互动作用来分析，它的特质和丛结的变化过程都具有人的自觉性。与其他文化变迁一样，一般情况下，民族体育文化的变迁也是先从文化的物质层面开始的，进而导致体育制度和体育行为方式的变迁，最后引起体育文化精神层面的变革。就犹如如果没有古希腊丰富多彩的体育运动形式，就不会形成苏格拉底的终身运动思想，也不会形成柏拉图的和谐发展的体育思想。引起民族体育文化变迁的原因是多种多样的，对这些因素进行汇总，大致包括人们生活环境的改变、社会物质和文明的发展、外来文化的传播、传统体育文化的自身冲突等。

民族体育文化的整合也是一个各民族文化接触的过程，实际上就是文化整合的过程。“所谓文化整合，即指不同文化相互影响、吸收、融化、调和而趋于一体化的过程。”[①] 这些不同的文化交织混合为一体，通过接触、逐渐整合，最后衍生为一种新的文化体系。

各区域民族体育文化由于源于不同的自然环境、地理环境与文化土壤，从产生之日起，便依据自身的发展轨迹曲折前进、逐渐发展。但是，各个农耕地区、渔猎地区、游牧地区区域各自的演变过程绝非是一个自我禁锢的封闭体系。在历史的发展过程中各个民族体育文化以迁徙、聚合、贸易、战争为中介，也曾促使过两种或者两种以上不同质态的体育文化冲破本区域、本民族的疆界，在各自相邻的“异族文化圈”内与不同的民族体育文化形式互识互融、传播扩散。

民族战争与民族纷争是民族体育融合的媒介与契机，自从人类有了生活资料的积累，就出现了大大小小的民族纷争与战争，特别是种群或部落族群形成后，这成为人类生存中必不可少的一个内容。我国自有史以来，民族纷争与战争就不曾停息，尤其在中原地区显得更为明显。中原历来是中国政治、经济、文化的中心，也是民族分布最为广泛的地区，是农业经济、牧猎经济、畜牧经济混杂相处的地区。这几大经济中以农业经济最为稳定，文化积淀最为深厚，往往吸引并受到游牧民族的攻击与掠夺。随着民族意识的提升，中原统治者扩大疆土的欲望产生了对骑射文化的强烈需求，从而农业经济对进攻游牧经济有了强烈愿望，两种经济在战争的促进下产生融合。转而，战争由以前游牧民族侵入中原发展为中原主动进攻游牧民族，这从赵武灵王效胡骑射至汉武帝通西域击匈奴可见一斑。

中国古代的历史就是民族战争与纷争的历史过程，无论是汉胡之间、汉夷之间、汉戎之间、汉蛮之间，还是胡胡之间都时有发生。在先秦、南北朝、五代十六国和宋辽金西夏这几个重要时期，是中国古代民族战争与融合的主要阶段。先后有匈奴、鲜卑以及西域诸族与汉族的纷争与融合，突厥、吐谷浑、回鹘、契丹、女真等诸族间的纷争与融合、

---

① 林耀华主编：《民族学通论》，中央民族大学出版社 1997 年版，第 396 页。

戎、狄、夷、蛮与汉族之间的纷争与融合。在民族纷争与融合的交织过程中，各民族的体育文化也实现了交融。如匈奴的角抵、骑射，鲜卑的摔跤、射击，回鹘的骑术、绳技，契丹的摔跤、跳绳等，都传入了汉民族地区。

处于原始部落阶段或是氏族阶段的民族或者地区，身体锻炼活动存在类似性。由于物质条件和生产力水平的差异，身体锻炼运动的形式、内容和规则存在差异，也正是因为这种相似性的存在，族内的各种体育文化，很容易受到外来先进文化的影响，从而借鉴先进文化，在借鉴并转化为本民族体育文化的过程中可能就伴随着创新。

运动项目由生存技能性、军事实用性向娱乐、消遣与健身性转变，人类诞生以来就要为生存而与自然和周边诸多其他生物侵袭做斗争，为生存而采取爬、跑、跳跃、游、投掷等身体运动，在这些过程中，人们不断摸索和总结出了生存的技能。在漫长的人类发展过程中，生存技能提高了，生活资料丰富了，于是就出现了为争夺这些财富而进行的战争，如以力见长并发展为技巧性用力的搏斗，即是人类原始生存技能性体育锻炼向军事实用性锻炼转变的现象。自秦统一以后，销兵器而兴角力，即表现出角力在军事训练中的重要作用。但这种运动在军事训练中除实用性外，同时还表现出其刺激性，正因如此也就成为统治者娱乐消遣的项目，秦二世沉溺于甘泉宫观赏角抵即是有力的证明。在朝廷的倡导下，角抵运动也就成为民众锻炼的手段和消遣的内容。

满族建立政权时，相对于汉族与蒙古族而言，他们的文化较为落后。正如前面所言，为巩固其统治地位，他们扼制骑射，发展步射与角抵（拔里速）。现代中国式摔跤成型于清代，就是因为满族借鉴内地的摔跤与蒙古族的摔跤而进行的创新。满族统治者定下围猎制度，以拔里速为国俗，选拔蒙古族、满族、汉族摔跤选手进行比赛与训练，综合各家之长，从而形成新的摔跤方式与规则并流传至今。这是一种借鉴，也是一种创新。

第二节 跨越国界的民族体育文化交流与冲突

一、中国民族体育活动中的传统文化理念

中华民族的文化价值被形象地表述为具备水一般的文化特性，这种特性实际上是一种社会文化价值体系的表现。从远古先秦开始，各种文化的价值意识、价值实践纷繁复杂，正如事物发展的规律一样，人们在反复的价值实践、价值反思中，逐步理清了思路，建立了文化价值基因，形成了文化价值体系。

中国的文化价值体系在早期是以儒道互补为主体架构的，春秋战国时期，思想界出现了百花齐放、百家争鸣的局面，儒道二家思想影响较大。汉初又崇尚黄老之学，至汉武帝接受董仲舒“废黜百家，独尊儒术”的建议后，儒学由子学一跃而为官学。汉末以后，由于中国本土道教的兴起以及外来文化的传入，很快形成了儒、释、道三足鼎立的局面，并且日趋融合。魏晋玄学从本质上说是儒、道结合的产物，宋明理学则是儒、释、道三教综合的结果。

中国文化的本质特色是以人为本的人文主义或人本主义，这其实也是中国文化精神的重要内容。与古希腊文化注重人与自然的关系以及希伯来文化、印度佛教文化重视人与神的关系不同，中国文化侧重于人与社会、人与人的关系以及自身的修养问题。中国哲学，无论是儒、释、道，本质上都是一种人生哲学。从总体上看，以儒家为代表的以人为本的思想，在后来的社会中得到广泛的认同和创造性的发展。

以和为贵、持中贵和是中国传统文化重要的思想观念，中国文化重和谐统一，重视自然的和谐、人与自然的和谐、人与社会的和谐、人与人之间的和谐、人自身的身心和谐等。中国传统文化以和为贵的和合精神最为典型地体现在“天人合一”的思想传统中。在中国古代思想界看来，天与人、天道与人道、天性与人性是相类相通的，因而可以达到和谐统一。“天人合一”理论将人放在一个社会大系统中，天、人、

地，人处于中心地位，但是人的作用必须要遵循自然的规律和法则，人的行为受制于天和地。中国传统的养生方式强烈地受到道家思想的影响，构成了保全自己的观念与养气练形技术相结合、个体顺应、遵循自然的思想倾向。由于受这种思想的影响，人，则是天地阴阳育化，“精神本于天，骨骸本于地，精神入其门，骨骸反其根”。所以必须做到“法天顺地”，保持与天地和谐共生。

二、跨越国界民族体育文化交流的价值

民族体育文化交流是一种基于愉悦的、跨越地理空间的自觉的人类行为，是一种能够接触和参与的直接传播方式，是文化间基于人际的、亲身的、直接的、互感知的交流与传播。

第一，民族体育文化的交流是双向的传递和流动，不可能只是从一个国家和地区向另一个国家和地区的单级流动，即使是在文明程度很高的国家和地区向文明程度相对比较低的国家和地区流动的情况下，也存在着双向流动的现象。

民族体育文化的发生，起初是在彼此完全隔离的区域和环境下孤立地进行的。只是随着人类文明的发展，氏族之间、胞族之间、部落之间乃至异族之间的战争、人口迁徙、环境的改变，民族体育文化交流才逐步发展起来。这种交流在古代和中世纪还受着地域和种种壁垒的限制，以致许多民族的体育长期处于十分闭塞的状态。

只是到了近代，伴随着世界市场的形成，这种种限制才基本上被打破。今日世界，任何一个民族都希望将自己的体育文化纳入世界体育文化发展轨道，世界范围内体育交流的大趋势逐步形成。从体育文化隔离的状况到相邻的区域和民族间的交往，再到世界性的体育文化交流，可见人类社会进步和体育文化进步的轨迹。

第二，民族体育文化的传播除受到社会、地域、文化的影响外，还受到传播的接受者对传播的有选择性的接受，不能是传播者送来什么，被传播者就接受什么，被传播者对传播内容的接受除了受到个体和民族文化背景的影响外，社会政治、经济也是被传播者接受传播内容的条

件。如中国古代体育有其浓厚的东方色彩，从其形式到内容与西方文化存在着质的差别，很难得到西方的认同，因而除了日本、朝鲜等深受中国儒家文化影响的国家接受以外，中国与其他国家特别是西方国家难以在体育上进行交流，和日本、朝鲜的交流也是有限的。但仅仅从这些有限的交流中，中国失传多年的一些气功、武术、围棋典籍仍可从日本的图书馆中找到，我们可以从与日本同行的交流中完善自己的功法与技术，把传统的体育重新提到较高的水平。人类体育文化发展史告诉我们，只有进行充分的体育文化交流，才能维系体育文化的可持续发展。

总之，由于自然环境、区域环境、政治经济环境及人种的不同，世界各民族的体育文化发展是不均衡的。这种不均衡包括体育文化的外在形态、内在属性、侧重面不同以及发展程度的不一致。这种不均衡是交往的内在驱力，各民族体育文化在交流中取长补短，不断循环。

民族体育文化的传播与交流只有在充分考虑民族文化背景、社会政治、经济条件的情况下，通过各民族体育文化的交流活动，完善各国民族体育文化的平衡发展。这种完善主要表现在以下方面：一是互相浸染，交往的双方各自采撷对方的体育文化精华作为发展本民族体育的营养，丰富各族人民的物质生活和精神生活。二是互相借鉴，从对方体育文化发展的经验教训中获得教益，把对方的成果作为效法的楷模。三是互相补充，引进其他民族的体育活动，丰富本民族的体育文化。

三、文化冲突是民族体育文化发展的动因

文化冲突是民族体育文化发展的必然状态。伴随着人类发展交往空间的扩大和联系形式的多样化，人类的冲突会越来越多、越来越复杂，这是一个规律性的现象。文化冲突指不同文化的性质、特征、功能和力量释放过程中由于差异而引起的互相冲撞和对抗的状态。

文化冲突长期伴随着民族体育文化发展过程，突出表现在纵向结构、特质要素和横向交流两个方面，即一个是体育文化纵向发展过程中的文化冲突、体育文化的各种文化特质和要素之间存在对立、新旧等矛盾关系，文化的发展必然产生这些特质和要素之间的对抗，从而产生体

育文化的冲突；另一个是体育文化横向交流、传播过程中产生的冲突。不同国家的人们，由于社会形态的不同和民族文化背景的不同，从而导致体育价值观、体育伦理观等方面的文化冲突，后者的文化冲突主要集中在体育文化的精神层面和行为制度层面上。

物质层面上的冲突是体育文化冲突的主要表现，然后逐步发展到行为制度层面和精神层面。也有一开始就表现为体育文化整体性的冲突。比如近代西方体育传入中国后，西方体育文化与中国民族体育文化之间的冲突就表现出了理念、制度、结构等方面的整体性冲突。

不同的文化有着不同的价值观和宗教信仰，其所表现的民族体育活动在某些方面也是互不兼容的，在缺乏相互了解和相互尊重的情况下，出现局部的一时“冲突”是可以理解的。这也正像事物具有矛盾的对立的一面一样，出现这样的“冲突”是难以完全避免的。

体育文化冲突的结果是导致文化的分解和重塑。对于具体文化而言，分解意味着衰亡，重塑意味着新生。衰退和消亡绝对不是全部的消失。比如非洲的体育文化接受了西方体育文化之后，也保留了少量的民族体育文化。重塑是通过不同的体育文化要素和特质的相互吸收和融合形成新的体育文化。

当前中国近代体育就是在东西方体育文化纵向整体结构与横向要素之间矛盾冲突之后，重塑出的一种新的体育文化，它既具有中华民族体育文化的特性也包含西方体育文化的特征。

在人类社会和文化大背景下产生的体育文化的冲突，如果是单纯的体育文化要素，特别是物质层面的要素不会引起矛盾的对抗。例如，在中国明代中期，西班牙、葡萄牙的商人就已经到达中国沿海地区从事商业活动。生活在中国沿海地区的这些外国商人所带来的体育活动，就已经与沿海居民之间产生了交流和传播，但并没有与中国传统体育文化之间产生对立、冲突。直到近现代，西方教会在中国举办教育时期，在社会文化的大量参与下，西方体育、西方教育、西方宗教、西方科技、西方政治思想等一起与中国传统文化发生了交流和传播，于是体育文化的交流和传播很快与中华民族体育之间产生了冲突和对抗。“土洋体育”之争就是在这样的背景下产生的。

事物既有矛盾对立的一面又有统一合作的一面，对于不同国家的民族传统体育项目来说，应该强调的是相互尊重、相互吸收和融合，从而达到不同体育文明的和谐共存。至少有二大因素为各国民族传统体育文明的共存提供了基础。其一，仔细考察一下就会发现，各国成熟的民族传统体育活动都崇尚精神与身体的统一发展、智慧与力量的完美体现。其二，各国民族传统体育项目的起源都有特定的地理、历史和人文环境，具有不同的特质，因而也就具有了“互补”的必要与可能。一种民族传统体育活动善于学习和吸收其他文明的优秀成绩，可以使自己更加完善和强大。实际上各个国家民族的传统体育活动项目在成长的过程中，都不同程度地吸收过其他文明的营养。

武术在几千年的发展演变过程中，吸收了中华各个民族的体育、健身、养生、习武等方面的文化成果，后来的武术已经逐渐演化成为各个民族都在接受和练习的传统体育项目了，这种互补性为不同民族传统体育活动的共存提供了必要性和重要的前提。

文化冲突是文化发展的社会历史动力，它是文化发展多样化过程中的必要和特殊的形式，对促进人类文化的发展是必不可少的。在人类发展的历史过程中，科技先进的民族、地区或者国家，伴随着现代经济的强势发展，其文化开始通过各种方式进入科技相对落后的民族、地区或者国家的各个角落。于是，科技落后的民族、地区或者国家担心自己被科技先进民族、地区或者国家控制，担心自己的文化被“格式化”和被取代，因而强调本土文化的异质性和多样性。实际上，在当今世界上，本土化是伴随着文化全球化进程出现的一种必然现象，只要文化全球化存在，文化的本土化就不会消失，双方是一种互动关系，即使是殖民文化很深的美国、澳大利亚、非洲等移民和殖民程度很深的殖民体育，也存在逆向发展状况。美国、澳大利亚、非洲等国家和地区在殖民地殖民之前的体育文化发展水平很低，在接受西方殖民体育传播时，同样把自己的本土体育逆向传递给殖民国家，如美国夏威夷群岛的冲浪运动传入英国及欧洲国家，澳大利亚土著的跳崖运动传入西方国家，等等。文化全球化与文化本土化的冲突是必然的。但文化全球化是人类文化发展的必然趋势，它不会因遭到本土化的抵制而改变其历史进程。

从体育的本质意义上来讲，中国民族传统体育往往表现在哲学层面上，而西方体育则表现在严谨的可测量的物理层面上。中国传统民族体育中见不到西方体育那种完整的时间、速度、高度、精准的田径特质，而西方体育中则根本不存在中国传统体育诸如养生、气功、太极等方面的慢、稳特性。因此，不同思想、价值观的体育文化相遇时，发生碰撞与冲突是难免的，但不同文化之间的张力关系恰恰为人类文化的存在和发展提供了不竭的发展动力。正是这种在哲学观念、思维方式、行为特征、外在形态的冲突和差异，呈现了世界民族体育文化的多样性和复杂性。

文化冲突的结果往往产生文化的分化和融合，只有这种状态的出现，才能最终导致文化新生，才能促进文化的进步与发展。“就人类文化的整体而言，如果离开了与不同文化之间的互补整合，就有可能将一种文化的缺陷放大为整个人类文化在总体上所普遍具有的共同缺陷，从而危及人类文化的持续存在。”① 民族体育文化之间的冲突与融合，是民族体育文化发展过程中正常的现象，是体育文化发展的内在动力之一。

四、中西民族体育文化的相互借鉴与融合

西方现代体育文化思想的代表——“奥林匹克体育”是以古希腊体育思想为本源和主流，历经文艺复兴运动与现代科学革命洗礼，伴随现代社会文明进步相运而生的现代体育思想，其核心内容集中表现在“更快、更高、更强”和“均衡发展”两大主题上。

随着中国民族传统体育开始走向国际体坛，与奥林匹克运动全面接轨，蕴藏着深邃的文化内涵、拥有丰富的内容体系、具有鲜明的民族特征的中国传统体育文化也逐渐引起了西方人的好奇和兴趣，并逐步受到关注与青睐。

---

① 邓星华：《文化多元化与现代体育发展的自主选择》，载《北京体育大学学报》，2005 年第 3 期，第 299 页。

人为自然中心的中国传统文化特征，明显的符号为太极图，传统讲“宇宙为一大太极，人为一小太极”，这个太极图的圆既是自然，也是人，人在自然中。但自然为大太极，人为小太极，小太极是大太极的浓缩，是大太极的精华，自然在人的四周。中国传统哲学思想主张万物一体，天人合一，主张要在时间之内的无线绵延中实现自我，其实现自我价值的最高方式是对万物一体、天人合一的一种自我满足的境界的享受。

这种哲学思想反映在民族传统体育中，表现了独特的民族体育思想和丰富的文化内涵，就是创立了体育健身中的“阴阳”学说，“天人相应”学说，“五行”学说，“精、气、神”学说，形成了“不惟养形，尤重养神”；“不惟局部，尤重整体”；“不惟强体，尤惟养护”；“不惟健身，尤重延寿”等养生之道。

西方国家在其传统哲学思想上形成的竞技体育文化——在“更快、更高、更强”中实现竞争，超越和体验追求无限，也就是奥林匹克精神。西方传统哲学思想认为人是有限的，人相对于无限完满的超验本体来说是有欠缺的，认为人生在世的最高意义和价值就在于渴望和追求这个最高的、最完满的无限性，要在超时间的无限中实现自我。有限的个人崇尚一种无所不包、超时间的、超验的、超感性的、是圆满的无限性整体的概念。中西方体育文化虽然在哲学与理念上存在差异，但是在体育文化认识上也有其一致性：追求健康和长寿。这点是体育的根源，也是民族体育文化借鉴的基础。借鉴适合本土体育文化发展的非本土体育文化理念与方法，完善自己的民族体育文化思想与行为模式，从而更好地在国际舞台上展示自己内在的特色。

五、民族体育文化交流的方式

民族体育文化的交流主要是在不同民族、国家之间进行的。体育文化作为文化的一个分支，其产生、发展自然经历了交流这么一个过程。特别是体育本身所具备的外向性和开放性，使其交流的发生在历史上显得十分频繁，是诸种文化交流中较为突出的一种。体育文化交流的形式多种多样，从历史上看，主要有迁徙、贸易、传教、殖民等，它们往往互相交错并存。

在交流过程中往往出现两种情况，一种情况是当交流的主体具备强势的政治、经济等文化优势的时候，借助人口的迁徙，包括体育文化在内的社会文化几乎是全盘地进入被交流地区。由于被传播者自身民族体育文化发展水平比较低，在民族体育文化与强势体育文化碰撞中，传播者非常顺利地实现了文化的调适，形成以强势文化色彩为主体的新的民族体育文化。第二种情况是被交流地区当地早已形成悠久深厚的社会文化和民族体育文化，如埃及、印度、中国等，有着数千年的文明史，欧洲体育文化传入时，与当地民族的体育文化产生强烈的文化碰撞，在这种文化碰撞和调适过程中，既要完成本民族的体育文化的时代转换，又要解决民族体育文化的继承问题，必须经过较长时间的文化接触、联系、碰撞，才能达到文化的适应，形成民族体育文化和先进西方体育文化兼而有之的新的体育文化。

近代著名启蒙思想家、改良派代表人物严复、梁启超、谭嗣同等一些著名学者，是中国最早系统介绍西方社会政治学说的维新人士，高度肯定体育的社会功能。他们根据西方的进化论原理，积极主张强身、尚武、耻弱思想，吸取西方德智体三育并重的教育理念，提出了一系列崭新的体育观，为后来的清末“新政”开拓了道路。

20 世纪初期，民国以后，以孙中山为代表的资产阶级革命派则吸收了改良派失败的经验教训，提倡武装斗争，进而从军事意义的角度认识和发掘体育的作用。他们高度提倡尚武精神，主张“强国必先强身，强身必行体育锻炼”。

民国初期社会相对稳定，有代表性的西方体育思想也不断地通过各种媒介、商业、教育等载体相继被传入中国。西方的体育思想和体育理念以其鲜明的科学主义内涵和独特的人本主义精神强烈地冲击着当时的中国体育，这些西方体育项目、运动方式、表现形式大量地本土化移植，无疑对构建近代新型的中国体育文化体系奠定了不可或缺的基础，对中国近代体育文化的理性化、科学化、人文化发展产生了巨大的影响，具有划时代的意义。

参考文献

1. 林耀华主编:《民族学通论》,中央民族大学出版社 1997 年版。

2. 邓星华:《文化多元化与现代体育发展的自主选择》,《北京体育大学学报》,2005 年第 3 期。

3. 曹继红、王揖涛、茹秀英、胡移山:《近现代中西方体育文化交流及其未来发展》,《北京体育大学学报》,2008 年第 6 期。

4. 毛运海:《体育文化的哲学阐释与中西“和合”趋势》,《襄樊学院学报》,2010 年第 2 期。

5. 蔡智忠:《对中国民族传统体育融入世界体育文化的再思考》,《广东体育学院学报》,2003 年第 3 期。

6. 张鲲:《文明的冲突与文明的共存——对我国民族传统体育国际化发展的思考》,《体育文化导刊》,2004 年第 2 期。

7. 杨珍:《跨文化传播视野中体育交往的理论逻辑与路径选择》,《中国传媒大学第三届全国新闻学与传播学博士生学术研讨会论文集》,2011 年 6 月。

8. 黄聪:《中国古代北方少数民族体育文化研究(上)》,《体育科学》,2008 年第 8 期。

9. 黄聪:《中国古代北方少数民族体育文化研究(下)》,《体育科学》,2008 年第 9 期。

10. 国家体委政法司:《关于体育改革的决定》(体育改革文件选编,1992—1995 年)。

11. 彭雪涵:《对古今中外体育文化交流的几点研究》,《福州大学学报》,2000 年第 4 期。

12. 刘双:《文化身份与跨文化传播》,《外语学刊》,2000 年第 1 期。

第九章　全球化背景下的民族体育文化

“全球化”一词的由来，可以追溯到 1943 年，而该词成为一个“常见新词”是在 1972 年之后。关于“全球化”一词，人们从不同的着眼点对它进行界定。在国外，有学者认为，“全球化是没有时间和空间区别的相互依存”;① “全球化是时间与空间的压缩以及经济与社会关系的普遍化。”② 国际货币基金组织对“全球化”所下的定义为：“全球化是跨国商品与服务交易及国际资本流动规模和形式的增加，以及技术的广泛迅速传播使世界各国经济的相互依赖性增强。”③ 德国教授德尔布鲁克则认为，“全球化是市场、法律和政治的非国家化进程，它为了共同的利益而将各民族和个人联结在一起。”④ 有学者认为该定义是最好的全球化定义之一，其特色是，指出了全球化涉及的有关活动的“非国家化”，而诸如立法和管理市场一类的活动，以前一直被认为是国家的专有领域，全球化因此而有别于“国际化”。该定义的第二个显著特征，是对全人类“共同利益”的认同。长期存在的民族国家体系不能想象超越一国的全人类“共同利益”，这种利益是由不同的、有时是冲突的国家利益的相互作用而产生。据此，全球化试图超越这些单独的国家利益以确认全球社会的共同利益。这创立了一个能使不同观点俱容其间的全球“公共空间”。

全球化（globalization）是一个以经济全球化为核心、包含各国各

---

① Anthony Giddens, *The Consequences of modernity*, Stanford University Press, 1990, p. 64.

② Andrew Linklater, *The Evolving Spheres of International Justice*, International Affairs 75. 3 (1999), p. 473.

③ 国际货币基金组织：《世界经济展望》，中国金融出版社 1997 年版，第 45 页。

④ Jost Delbruck, *Globalization of Law*, Political and Market, Vol. 1, No. 1, Fall 1993.

民族各地区在政治、文化、科技、军事、安全、意识形态、生活方式、价值观念等多层次、多领域的相互联系、影响、制约的多元概念。[①] 在《世界是平的》一书中，托马斯·弗里德曼提出现代社会必定抵挡不了全球化的浪潮，并将全球化划分为三个阶段：第一阶段主要是国家间融合和全球化，开始于1492年哥伦布发现“新大陆”之时，持续到1800年前后，是劳动力推动着这一阶段的全球化进程，这期间世界从大变为中等；第二阶段是公司之间的融合，从1800年一直到2000年，各种硬件的发明和革新成为这次全球化的主要推动力，从蒸汽机、铁路到电话和计算机的普及，这期间世界从中等变小；第三阶段是从21世纪开始的，世界已经发生了“质的变化”，个人成为主角，肤色或东西方的文化差异不再是合作或竞争的障碍。[②]

按英国学者戴维·赫尔德的说法：“全球化是一个体现社会关系和交易的空间组织变革的过程，此过程可以根据其广度、强度、速度以及影响来衡量，并产生了跨大陆或区域间的流动与活动、交往与权力实施的网络。”[③] 科技进步是一切社会变迁的原动力，交通和通信技术的进步是全球化的依托。交通的进步促进人员和物质产品的全球化，通信的进步促进精神产品的全球化。当然，两类技术的作用经常分不开。互联网能调动资本，轮船也能传播精神。抛开技术进步因素，全球化是资本的全球化，亦是关于资本之“主义”的全球化，即利润至上观的全球化。马克思在150年前就讨论了全球化的这个本质。除了战争时期，资本在全球范围里疯狂地追逐利润，每天24小时，从不疲倦。所以，到目前为止的全球化体现为市场经济体系在全世界的扩张，即我们常听到或谈到的经济全球化。

经济全球化（economic globalization）出现于20世纪80年代，90

---

① 佟景洋：《文化全球化与中国传统节日的保护》，载《时代人物》，2008年第11期，第168—169页。

② 〔美〕托马斯·弗里德曼著，何帆、肖莹莹、郝正非译：《世界是平的：一部二十一世纪简史》，湖南科学技术出版社2006年版，第106页。

③ 戴维·赫尔德等著，杨雪冬等译：《全球大变革——全球化时代的政治经济与文化》，社会科学文献出版社2001年版，第7页。

年代得到认可，目前暂无统一概念。国际货币基金组织（IMF）于1997年发表的一份报告中指出，“经济全球化是指跨国商品与服务贸易及资本流动规模和形式的增加，以及技术的广泛迅速传播使世界各国经济的相互依赖性增强。”而经济合作与发展组织（OECD）认为，“经济全球化可以被看作一种过程，在这个过程中，经济、市场、技术与通讯形式都越来越具有全球特征，民族性和地方性在减少。”所以我们大致可以认为：经济全球化是指世界经济活动超越国界在全球范围内自由流动，通过对外贸易、资本流动、技术转移、提供服务、相互依存、相互联系而形成的全球范围的有机经济整体。①

文化全球化（culture globalization）是指世界上的一切文化以各种方式，在“融合”和“互异”的同时作用下，在全球范围内的流动。文化全球化是与经济政治的全球化相伴而产生的，是经济全球化在文化领域中的延伸和扩散。它既是一种社会文化过程，又是一种社会文化结果。从过程看，它指的是世界上各个民族文化之间的更加广泛、更加频繁、更加深入的相互接触与往来、交流与融合、互渗与互补；从结果看，它指的是各个民族文化突破了原有地域和模式的局限性而走向世界，将本民族的文化资源转变成了全人类共享的文化资源。②

在全球化充斥着地球每一个角落的今天，任何一种文化的发展都注定是多边的、动态的，并会伴随着社会的发展同步进行。体育文化作为文化的一个分支，也必然会受到全球化浪潮的影响。那么，民族体育文化要想在全球化背景之下得以发展，其正确发展的理念究竟是什么呢？③

---

① 曹天禄、贾义保：《全球化的概念界定与要素构成》，载《信阳师范学院学报》，2001年第4期，第15—18页。

② 但海剑：《“文化全球化”概念的界定》，载《武汉教育学院学报》，1999年第4期，第12页。

③ 付玉坤、刘旻航：《全球化视角下的西方体育文化发展》，载《北京体育大学学报》，2006年第3期，第297—301页。

第一节　当今世界的体育全球化趋势

一、经济全球化背景下的全球体育文化

文化历史学家弗雷德里克·詹姆逊指出：“所谓文化——即弱化的、世俗的宗教形式，本身并非一种实质或现象，它指的是一种客观的海市蜃楼，缘自至少两个群体以上的关系。这就是说任何一个群体都不可能独自拥有一种文化；文化是一个群体接触并观察另一个群体时所发现的氛围。”① 按照此观点，文化应该是用他种文化的眼光看待时才有客观性，不过，文化的自我认识也不一定就比用他种文化的眼光来看待更差。

人类社会发展到今天，全球化趋势已经成为一个不容否认的客观事实。它起源于地区间经济的合作与交流，在较短的历史时期内便呈现出全球经济一体化的趋势。与之相伴，各个国家和民族的政治、思想、文化领域都不得不因经济的全球化而做出主动或被动的调整，体育文化在这一趋势下，展示出了主动调整的态势。

文化全球化和体育文化全球化还是一个非显性的、经常为世人及当局、当政者困扰或忽略的话题。

作为全球化的一个重要方面，体育文化全球化是伴随着经济全球化的巨大影响而提出来的，是经济发展的必然产物，同时也是在一定历史阶段下才出现的现象。15 世纪末的地理大发现激发了西方对欧洲以外的领土、财富的欲望，同时也刺激了西方国家工业的发展和世界市场的开拓，水手、商人、传教士、商品等都成为体育文化传输的载体，所以地理大发现使体育文化全球化有了最初的萌芽，但是由于当时交通和通信技术条件的限制，体育文化之间的相互交往还是比较受限制的。因

① 〔美〕弗雷德里克·詹姆逊著，王逢振译：《快感：文化与政治》，中国社会科学出版社 1998 年版，第 420 页。

此，体育文化全球化并没有真正形成和发展起来。

体育文化全球化获得持续快速的发展是在 18 世纪末期的工业革命以后，主要归功于奥林匹克运动的兴起。这一时期，体育文化交往的范围扩展至全球，体育文化交往的深度、速度也由于交通与通信技术的发展而得到迅速发展，一些全球、全球组织等全球性因素和概念出现，并出现了奥林匹克体育组织及各个单项体育组织，商品和资本的全球流动导致交往也日趋全球化，这些都推进了体育文化全球化的进程。

20 世纪 60 年代以后到 21 世纪的今天，是体育文化全球化快速发展阶段。在这一阶段，由于第三、第四次科技革命的影响，全球各种文化体在交往的速度、规模、数量等方面都有了质的飞跃。主要特征表现在：随着各殖民地民族国家的独立和现代化道路的选择，现代文化进一步在全球普遍地确立起来，奥林匹克运动开始兴盛。60 年代以后，由于自由市场经济消费工业的发展和扩展，消费主义生活方式和大众文化在全球扩展，激发了全球主义者的出现和全球普遍价值、普世伦理等观念的提出。全球性组织、制度等大量出现，网络普及，实现了文化的零距离传播。这些因素促使体育文化在这样的大背景下得以向全球蔓延，形成全球化之势。

全球体育文化的传播特征包括：

第一，时代性。首先它的产生具有特殊的时代背景，当全球文化进入普遍交往的“世界历史”时代以来，体育文化伴随着扩展开来。由于大工业生产方式的迅速扩展，民族之间的文化藩篱被突破，才展现出了体育文化发展新的前景——奥林匹克文化。

第二，整体性。全球体育文化虽然首先是指全球各个地域的体育文化，但是它强调的不是各个地域分割开来的体育文化，而是指彼此相互联系在一起的体育文化。全球体育文化的整体性还强调，全球体育文化绝对不是某一种体育文化的垄断，也不是指世界上主要的体育文化，而是包括一切体育文化的整合体。奥林匹克运动广泛地吸收东方体育文化的项目和理念，诸如日本的柔道、韩国的跆拳道、娱乐体育的花样滑雪等项目纷纷加入到奥林匹克运动会。也就是说，全球体育文化是多种体育文化的复合体，是多样化基础上的一体化。

第三，民族性。体育文化不能脱离本地域、本民族文化而独立存在，它本身并不是凌驾于各民族文化之上单独的一种文化形态，而是寓于各个民族文化之中，它的形成得益于各民族文化交流，在交流的过程中必然带来民族体育文化的融合，正是这种交流与融合，才给全球体育文化的形成带来生机和活力。

第四，非同质性。全球体育文化绝非指体育文化的一体化、均一化。在知识经济时代人们之间交往的高度一致化，将不可避免地要导致实用性体育文化的全球化，即导致实用性体育文化层面上各民族体育文化汇合成一种普遍的全球性体育文化；而在理想性层面上，各民族体育文化则可能通过“返本创新”而保留下来，形成一种诸多色彩各异的体育文化理想缤纷杂陈、争奇斗艳的亮丽景观。所以，全球体育文化绝对不是各民族国家在体育文化上的同质性，而是指在相对独立的各民族、各国家体育文化基础上，在全球的世界交往中通过各种不同类型的体育文化之间的涵化与互动而形成的人类共同体育文化。

二、体育文化全球化的理论对弈

当今世界文化的同质化与异质化是文化全球化的核心问题，在世界体育文化的传播与发展过程中也同样存在同质化与差异化的问题。在看待全球体育文化的表现形式是同质化还是异质化的观点上存在着三种不同的观点：一元论、多元论、一元与多元并存。

（一）一元论，又可称作普遍主义的全球体育文化

我们认为全球化已成为现代社会发展的必然趋势与结果，从文化的角度来看，必然会出现以某一价值观念或社会意识为指导的一种全球性文化，而这个过程就是文化的同质化、一元化、一致化甚至是西方化或美国化。持这种观点的代表人物是福山。福山在《历史的终结》一书中提出了“历史终结论”，他认为，只有西方文化价值观念才是全球普遍有效的文化，只有西方文化才是未来的主导。另外有些学者把全球化过程看作是西方文化或美国文化在全球的扩散。认为文化全球化其实是

西方或美国文化意识形态、文化价值观念、消费主义文化在全球范围的强势推行，最终将吞噬非西方文化，形成单一的文化模式。

在世界体育文化传播的过程中，一元化的现象也普遍盛行。这就需要各个国家、地区在保持和发展本国民族体育文化的过程中，防止追逐一元化、统一化、标准化的奥林匹克化运动及其项目发展而丧失自己的民族特色。奥林匹克运动，尤其是奥运会是一个以现代工业文明和现代科学为基础，以西方现代体育项目为主体内容，以规则化竞技为主要判断标准，以运动会为表现形式的体育发展模式。一般来说，它难以接受那些具有浓郁民族特色、地域特色、非范化的民族传统体育项目。一元化、统一化、标准化排斥文化的多样性而追求文化的同一性。因此，民族传统体育在面对奥运会一元统一化、标准化时必须面对一种两难选择：要么放弃自身的文化特性，走进奥运会；要么坚守自己的文化特色，只寻求本民族的文化认同。民族传统体育要想进入奥运会就必须符合奥运会标准。但是，失去民族特色的民族传统体育将不再具有自己的文化内涵，因而也就可能失去民族文化的优势。体育文化，包括体育项目在一个国家或民族地区是否能够流行，能否得到民族的认同，能否可持续传承并不一定以在奥运会上的表现为标志，而是要看它的广泛性和深入民众生活的程度，看它是否能够成为这个民族的文化传统和标识，即具有这个民族的文化特征。文化的多样性才能构成世界文化的丰富性。一个民族，尤其是一个具有丰富文化遗产和传统的民族，保持和发展自己独特的体育文化传统在当今世界尤为重要。

（二）多元论，又可称作多种体育文化和平共存

多元论认为全球化并没有形成同质化的文化，没有消除各民族文化的特殊性，全球文化是多样化共存的。多元论从全球文化共存方式不同的角度，又可分为温和论与极端论。前者认为全球文化将是多种文化和平共存的局面，在全球化过程中互相交流、相互融合。全球化提供了各民族文化展示的舞台，文化的交流是互相学习的过程，而不是一文化要吞噬另一文化的同质化过程，全球文化将是一个共同繁荣的多样化景观。多元极端论者试图改变温和论浪漫的观点，更强调全球文化相互竞

争的事实。强调的多样性是文化与文明互相冲突与摩擦的多样性，认为全球化带来的更多的是不同文化之间的异质化倾向，而不是各种文化的和谐共融。

反映在世界体育文化的多元性方面的普遍共识是世界各国各地区体育文化和平共存的局面，这些民族体育有自己的生存发展的地域和存在方式。

各国各地区体育文化的个性保持与弘扬，既可以体现在现存的体育文化发展模式中，也可以在学习、借鉴的基础上另辟蹊径，如同美国人输出 NBA 职业篮球运作模式一样。中国具有五千年的悠久历史文明，其中蕴含着巨大的文化创造潜力。

中国人在民族体育文化世界性展示活动的举行方式、展示规则、组织形式、内容等方面也应该尝试有所发明，有所创造。近年来，中国人曾尝试推动武术搏击大会的举办，不失为一种努力。假如中国举办一个世界性的与奥运会举办方式完全不同的各个国家的民族体育展示大会，也是一种对世界体育多元发展的贡献。在当今影响巨大且已被充分标准化、规范化了的奥运会的体育发展模式下，拓展未来民族体育文化发展的眼光，将世界上许多国家保持的大量的民族体育活动开发和推展出来，达到多种体育文化形式共存共荣的局面。

（三）一元与多元并存的世界体育文化

一元与多元并存论认为全球文化的同质化与异质化是相互交织、互相演进的过程。全球化的过程既不是一元论强调的统一性、同质性，也不是多元论认为的多样性、异质性。“全球化是一个深刻分化并充满激烈斗争的过程。全球化的不均衡性使得它远不像整个星球都体会到的那样是一个日趋一致的过程。”①

文化体系是多极的文化载体，其基础是民族文化和由民族文化构成的世界文化。显然，这里更重要的是民族文化，没有民族文化，世界文

① 罗兰·罗伯森著，梁光严译：《全球化——社会理论和全球文化》，上海人民出版社 2000 年版，第 25 页。

化也就无从谈起。民族属于一定历史的范畴，每个民族都有自己基于历史与现实的认识和选择，这一切只有融合在民族性之中，即深深地扎根于民族的文化之中，成为民族文化的重要组成部分，才能真正地获得生命。每一种民族文化都有其不可替代的、有别于其他民族文化的特殊性和独创性。这些特殊性和独创性既表现在语言、文学、音乐、绘画、戏剧、宗教、习俗等观念形态的精神生活中，也表现在诸如各类经济生产的物质生活中，特别是表现在生产方式、生活方式、思维方式和情感方式中。民族文化具有传承民族精神、民族历史记忆的功能，这使得民族文化的血脉奔流不息、世代相传。如果民族文化失去了这样的功能，使自己失去了“认同与标识”，而在“全球化”或是其他什么冠冕堂皇的口号下“化”到其他的文化中，那就不仅仅是这个民族文化的衰亡或民族文化意识、文化心理的衰落，而且这个民族整体也必将走向衰亡。因为任何一个民族赖以生存的文化传统，都是这个民族的灵魂，当一个民族失去了自己的生活方式、价值体系、传统、信仰以及基本的人权观念，那这个民族的灵魂也就失去了，其生命就将枯萎，作为一个独立的民族，自然也就不存在了。所以，文化全球化是逐渐尊重差异化的过程。[①] 反映在世界体育文化的一元与多元性方面，当今世界文化发展的主流方向就是文化的多元一体化，也就是孔子几千年前提出的“和而不同”的趋势。民族体育文化存在于一定的民族、地域文化之中，经过漫长的历史积淀，形成了自身独特的表现形态和发展模式。中国的太极、八卦和五禽戏，印度的瑜伽，朝鲜的跆拳道，日本的相扑，蒙古的摔跤，英国的网球，英格兰的高尔夫球，美国的篮球，德国、瑞典的体操，等等，正是这些富有鲜明民族特征的体育运动展示了世界体育的无穷魅力。全球化超越了地域和国界，使不同地域的、民族的传统体育以其独特的个性，进行多元融合，相互吸纳，补充发展为一种新的世界体育文化模式。伴随着经济全球化，体育全球化也悄然而至，而且随着现代社会的发展正在以迅猛的势头在世界范围内大力推进，其速度之快、

---

① 于沛：《浅析经济全球化和文化多样性》，载《理论探讨》，2004 年第 3 期，第 11—14 页。

范围之广、影响之大令世人瞩目。

三、体育文化全球化是趋同到差异内涵丰富的过程

马克思指出资本的本性，透视了马克思关于全球文化未来的展望。“资产阶级由于开拓了世界市场，使一切国家的生产和消费都成为世界性的了”，不仅如此，“过去那种地方的和民族的自给自足和闭关自守状态，被各民族的各方面的互相依赖所代替了。”“物质的生产是如此，精神的生产也是如此。各民族的精神产品成了公共的财产。民族的片面性和局限性日益成为不可能，于是由许多民族的和地方的文学形成了一种世界的文学。”体育文化的产生经历了地域体育文化阶段、突破地域限制体育文化阶段、世界体育文化阶段的发展过程，并且这个过程也是破与立、冲突与融合并存的过程，各民族的体育文化最终将交融形成一种人类共有的财富和资源。①

不同文化间的张力是存在的一种现实。由于文化的差异，人们的心理诉求、政治经济上的不平衡发展，利益的追逐，生产力、交往的日益发展，文化成为新的发展时期的焦点。

随着世界历史的发展，人们交往的扩大、视野的拓宽，面临越来越多的共同问题和利益。文化的融合是一种可能性的存在。人们的视野扩大不再仅仅局限于自己的民族、自己的体育文化，在继承传统体育文化的同时，也积极地借鉴外国有益的成果；在追求自身发展的同时，也以追求全人类的利益为己任。

未来多元文化发展的主流和趋势应当是多种体育文化交融。全球文化总的趋向，还是在冲突中走向融合，这样可以取长补短、互存共荣、圆润通达，和而不同。多样中孕育着统一，统一中体现着多样。所以，全球体育文化的未来是由冲突走向融合的无限过程，即体育文化全球化是趋同到差异内涵丰富的过程。

---

① 巨东红：《文化全球化成因及其发展趋势探析》，载《北华大学学报（社会科学版）》，2006 年第 1 期，第 12—15 页。

第二节 全球化趋势下体育文化的强势与弱势

一、民族体育文化的弱化倾向

在经济全球化的趋势下占据世界主流和中心地位的西方价值观念的体育文化，一步步占领了世界体坛的主宰地位，无论是体育的形式、内容，还是体育的意识，都深深地打上了西方价值观念的烙印。从这个角度看，体育全球化在某种程度上就意味着进一步的西方价值观念化。而且，这一冲击在未来并无减弱之势。尽管随着时代的发展，其他地区、国家也逐渐在各个领域或多或少地参与到国际体育中来，这些地区、国家民族体育也在逐渐融入现代体育发展的主流中，成为世界广泛接受的体育运动。但大多数情况下，如东方国家，民族体育往往处于用来映衬西方体育的尴尬地位。

体育作为一种文化载体，在西方体育向全球扩展的时候不可避免地成为西方“输出”其文化价值观念的重要组成部分。起源于西方的现代体育已经形成了一种标准的运作模式，奥运会、世界杯等一些影响极大的体育赛事成了世界各国人民的共同期待。世界各地区、各国、各大都市的每届奥运会主办城市之争，其激烈程度已远远超过了人们的想象。为了在竞技场上争得一席之地，通过比赛提升国家、民族的影响力，极力地迎合这些赛事的需要而趋之若鹜，各国体育极“自然”地被纳入到西方体育的轨道之中。

在西方体育观中，竞技场上的佼佼者被视作偶像，被人们颂之为英雄。竞技的结果、成绩、名次直接影响到做人的价值以及本身的尊严，西方现代体育提倡竞争，提倡超越对手，超越自然障碍，其活动是在相互较量、相互比较的过程中完成的，这一点与东方人或世界上一些其他民族的体育精神是不同的。东方民族更多的是强调体育对于身心的愉悦性、审美性、娱乐性，而忽视单纯的竞技性。

在中国传统文化中，传统伦理道德所体现的与自然、与人和社会和谐共处的思想以及重人格的观念，形成了中国人独特的体育价值观。尤其是中国少数民族传统体育活动，更有着自身丰富的独特精神，譬如其自娱性、审美性、共同参与性，“胜固可喜，败亦无忧”，把胜负看成是对人生的一种体验，一种磨砺，是对人格完善的一种促进。这是一种极其人本精神的文化传统。然而，这些传统在西方体育文化价值观的冲击下，已受到现代人的漠视。[①] 体育全球化，在西方价值观念体育占优势地位的同时，会加速民族体育文化的自然弱化，有可能导致民族体育文化的西化。

二、世界体育文化与民族体育文化——强势与非主流

首先，现代体育的全球化表现为奥林匹克文化的全球化，但这种全球化的内涵不只限于奥林匹克文化本身，它必然以自身文化发展的特殊方式渗透到社会的各个领域，随着它与人们现实生活结合得越来越紧密，突出地体现出深刻、复杂的综合文化内涵。奥林匹克文化全球化发展模式和体系的建立，实现了世界范围内所共同认可并遵守的体育文化生存规则。其次，现代体育文化的全球化表现为多元优秀体育文化的全球化。这个过程的实质就是把不同民族体育文化放置于一个广阔的世界平台上，在世界体育文化生态系统中形成多元规范，包含大量民族体育精神内涵、现代文化的发展理念和多元价值标准，这实际上就是表征为以多元的发展体制或形式存在的体育文化体系。最后，实现世界体育文化动态系统的多元化生存，形成一种富有广泛内涵、充满生机与活力的世界体育文化舞台。可以说体育全球化就是将多元体育文化回归，使多元优秀的体育文化在这一背景中实现不同层面的契合，从而满足人们对体育文化的多样追求。因此，今天体育文化全球化在很大程度上表现为奥林匹克文化的全球化。[②]

---

① 李荣芝、虞重干：《体育全球化与中国民族传统体育传承研究》，载《体育文化导刊》，2007 年第 4 期，第 83—86 页。

② 徐晓良、张海波：《体育全球化背景下我国民族传统体育发展的对策思考》，载《体育科技文献通报》，2007 年第 7 期，第 53—55 页。

那种实现不同优秀体育文化多元化的世界体育文化生态体系模式还处于相对弱势的地位。这其中主要原因是奥林匹克文化的经济一体化、科技一体化逐渐迎合了时代发展的主旋律，使不同的人群都能够从中获得最大的收获。如今，以奥林匹克为代表的西方体育文化已成为世界上受众最多、影响最大的一种文化现象。它所具备的古老内涵以及所具备的现代“更快、更高、更强”的内涵都是给予人们奋进、进取的动力来源。但随着文化全球化的深入以及多元传统体育的文化结构转型和重建，一种契合未来时代精神和民族精神的世界体育文化生态体系必然会具备深刻的发展品质，成为未来体育文化发展的唯一方向。在体育文化全球化的背景下，以奥林匹克为代表的西方体育文化必然对民族体育文化产生巨大冲击，民族体育文化如何发展是我们面临的一个重要问题。

全球化时代的世界范围内的文化整合与此前人类各个历史阶段中不同范围的文化交流或文化融合有着本质不同，它不是一种带有偏好的选择，也不是武力征服中的无奈接受，而是一种在全球范围内不可抗拒的历史潮流，是人类的一些基本的文化精神和价值层面上造成一种越来越有力的共同性和认同感。奥林匹克“更快、更高、更强”，进取精神和大众体育健康身心的宗旨，已成为体育文化的价值核心，即主流体育文化。它一方面成为经济全球化以及国际交往中体育文化发展的客观要求，另一方面则越来越成为各个民族和人们的自觉的和主动的价值选择。因此，民族体育文化是在世界体育文化的时代背景下的发展，在文化的冲突和融合中，民族体育文化作为非主流文化，其在各个层面上必然会受到影响。民族体育文化如何找准生存点和生长点，处理好民族文化与世界文化的关系是目前面临的主要问题。①

三、坚持多样化共存的我国民族体育文化

（一）我国民族体育文化的传统、民族和地域特性

中国的民族体育文化经过几千年的孕育、融合、创新与发展，已经

① 杨风华、王晓峰、陈绍艳：《世界体育文化背景下民族体育文化发展的原因解析》，载《体育文化导刊》，2006 年第 3 期，第 43—44 页。

形成了自己的文化特质与传承方式，并得到了中华民族的普遍认同。它们不是依靠竞技性而赢得大众的接纳与应用，而是依靠它本身具有的积极的哲学价值、生活价值、健身价值和娱乐（自娱）价值以及在此基础上形成的文化凝聚力。太极拳、导引养生、少林武术、武当武术等在国际上的广泛传播足以说明这个问题。

追溯中国民族体育文化五千年的悠久历史文明，其中蕴含着巨大的文化创造潜力，具有民族文化的融合性以及本民族群体的文化认同性。从操作层面讲，它是中国群众体育活动的重要内容和方式，其显著特征表现为地域性、民族性和传统性。

1. 地域性

地域性是指各民族体育的形成和发展过程中，由于生活地理位置的不同，所处的自然环境的差别，所熏陶和培育出的民族性格和民族气质迥然各异，其道德观念、宗教信仰、风土人情、节庆仪式以及服饰饮食等也是各不相同的。民族体育文化的生命源自其特殊性。不同地域的民族为适应自己的特殊的环境，通过带有自己民族特点的实践方式和认知方式，创造出了各具特色的传统体育，进而形成了各民族的传统体育文化。许多民族传统体育活动都是在一定的自然—人文环境下孕育产生的。[①] 俗话说“十里不同风，百里不同俗”、“一方水土养一方人”，说的就是地域文化对当地人民的民俗文化生活起着十分重要的作用。民族体育作为民族文化活动的重要组成部分也必然会受到当地自然环境和社会环境的影响，这些差异构成了民族体育鲜明的地域特征。关于这一点，在钟敬文先生主编的《民俗学概论》中也有提到：“北方天高地阔，人们的生产简陋，生活朴野，在与大自然的严酷斗争中培养了尚武精神，因此，赛力竞技游戏发达，如摔跤、角力、驰逐、拖冰床等；南方山水环绕，气候温和，农业精耕细作，物质条件优于北方边地，人们性格柔和、灵巧，富于想象，长于智能游戏和技巧游戏，如猜谜、对联、斗茶、弈棋等。当然这种区分是概略性的，南北游戏交叉共生的也

---

① 蓝建卓：《民族地区高校引入民族传统体育的思考——以河池学院为例》，载《河池学院学报》，2011 年第 2 期，第 102 页。

为数不少。除南北两大的地域差异外，还存在着山乡与水滨，高原与平野的区别，游戏娱乐因地制宜，如山乡的竹林竞技、水畔的水戏、高原的骑射、平原的登高等。”[①] 按照文化生态学的观点，文化形态首先是人类适应生态环境的结果，任何一个民族文化的形成不可能脱离人类在时空上所处的特定地理形态和自然环境的影响。也正是由于这样的原因才有了“南人善舟，北人善马”的说法。综上所述，自然环境在民族体育发展的初始阶段，可以说是起着决定性的作用，它体现出民族体育对地域环境的适应性和选择性。

2. 民族性

民族性是指民族体育的形成与发展过程中各民族社会生活的综合反映，是一个民族的群体品格，具有鲜明的民族特性。

体育作为一种文化现象是人类的共识，文化发展与文化交流具有其特殊性，即任何一种文化都是民族性与人类共同性的统一。在文化交流和文化整合过程中，文化首先是民族的、区域的，然后才是世界的、人类的。文化的民族特性越强，那么它所具有的世界性也就越强，越具有文化的价值和生命力，越可能走向世界。在全球化进程中，民族体育文化不仅不会丧失，反而会在与其他民族文化的交流与融合中得到锻炼和强化。

自古以来，我国民间游戏与竞技在产生后的流传演变过程中，因受不同民族的制约，使之保持了较为明显的特征。也正是由于民族传统体育具有独特的民族性，才使本民族人民在体育的实践活动中不断认知祖先所创造的历史文化，让人们产生强烈的民族自豪感，使民族传统体育成为培养民族认同感和民族精神的有效形式。民族性不仅是民族体育文化鲜明的形貌特征，也是它活动内容和精神底蕴的突出特征。许许多多民族传统体育都是经过几十年、几百年乃至上千年的传承，不断融进了其他民族体育民俗和文化因素。这从许多民族体育项目的形成与发展中可以看到不同民族生产、生活的影子。民族体育作为各民族人民生活的再现，它所表达的绝不仅仅是一项身体的运动，它所折射出的还包括各

---

① 钟敬文主编：《民俗学概论》，上海文艺出版社 2009 年版，第 373 页。

民族人民的思想感情，甚至是一个民族的文化标志。

3. 传统性

传统性指的是历史上存在过的，对今天存在或多或少影响的事物。民族体育文化在其漫长的发展历程中，经过了无数的变革，或摒弃多余，或丰富新内容，都始终保留着传统的、适合民族文化特色的特点，这也正是民族体育文化能够流传的原因之一。①

民族体育文化的传统性还表现出一种本体性。这种本体性受到其母体文化的规范，通常不会有大的偏离。也就是说，它的传统不可能偏离母体文化的走向。这也使它在历史演进中逐渐形成了自己的与其他文化不同的独特风格，或者说具有了自己的文化品格，也可称之为文化标签。

体育传统是一个民族的历史积淀，全球化趋势不可能消除各民族传统体育的差异，反而会在一定程度上强化和锻炼民族体育文化的传统性。一个民族的传统体育是该民族生命与民族精神的象征。相对于经济、政治的变化而言，民族体育文化具有较大的稳定性。因此，民族传统体育的发展存在着继承和连续的一面。

4. 中国民族体育文化的多样性与适应性特点

中国是一个由56个民族组成的国家，各民族分布范围广，生活环境、习性、宗教信仰各不相同，且政治、经济、教育发展不平衡，导致了各民族传统体育在内容、形式上的多样性。由不同民族所创造的类别繁多的体育项目因其健身、娱乐等功能、作用的不同而又被不同民族借鉴，从而使得各民族的体育项目在其他的地区和民族中得到发展。中国民族体育文化多样性与适应性的特点是传统体育得以继承和持续发展的重要基础。

民族体育文化的传统性、民族性、地域性、多样性与适应性等特征，是民族体育文化独立发展的基础。不断将成熟的民族体育项目进行推广，实现民族体育向国际体育的过渡，是现代体育发展的趋势之一。

---

① 贾亮：《论中华民族传统体育的特性和发展前景——以武术为研究中心》，载《搏击·武术科学》，2012年第12期，第15页。

（二）民族体育文化的文化独立性

民族体育文化是一个国家文化的一部分，我们也可以将其称为一种文化标识。在当今世界竞争日益激烈的情况下，民族体育文化将会成为一个民族国家文化竞争力的一部分，它对于民族自信心的确立，对于民族性格的塑造，对于民族文化的进步与发展，对于民族文化资源的开发与利用等都具有不可估量的作用。①

当今世界体育文化发展的主流方向同样存在着体育文化的多元一体化，也就是孔子几千年前提出的“和而不同”的趋势。民族传统体育存在于一定的民族、地域文化之中，经过漫长的历史积淀，形成了自身独特的表现形态和发展模式。不同国家的民族由于所处的地理环境、文化底蕴、民族性格的不同而导致民族传统体育具有不同的价值。在与西方民族体育文化交流和传播的过程中，两种不同的体育文化体系可以起到相互补充的作用。中国的太极、日本的剑道、印度的瑜伽、加拿大的冰球、德国、法国的体操等，正是这些反映不同文化特质的民族体育项目，给具有不同运动与文化需求的大众提供了广泛的选择空间。

多元化的共存超越了地域和国界，使不同地域的、民族的传统体育以其独特的个性，进行多元融合，相互吸纳，补充发展为一种新的世界民族体育文化模式。伴随着经济全球化，体育全球化也悄然而至，而且随着现代社会的发展正在以迅猛的势头在世界范围内大力推进，其速度之快、范围之广、影响之大令世人瞩目。民族体育文化的民族性与世界性是个性与共性的辩证统一，它们反映着世界各种体育文化的差异性与统一性的辩证关系，异中有同，同中存异，是对立的统一。

多元化共存的民族体育文化凸显了体育文化多元的价值和意义。丰富多彩的各民族传统体育不仅为西方体育提供了丰富的体育文化资源，而且避免了文化价值和发展模式的单一性倾向。民族体育文化的交流、传播不断充实和丰富着国际体育运动，国际体育运动的多元化共存又促

① 古柏：《全球化背景下民族传统体育的文化选择》，载《体育文化导刊》，2008年第6期，第25页。

进着民族体育的发展与提高。

在这里，民族传统体育需要预防仿照奥林匹克，进行统一化、标准化，而丧失自己的民族特色。奥林匹克运动项目是以西方现代体育项目为主体内容，以规则化竞技为主要判断标准，以运动会为表现形式的体育发展模式。

一般来说，统一化和标准化排斥那些具有浓郁民族特色、地域特色、比较随意化的民族传统体育项目。统一化、标准化排斥文化的独立性而追求文化的同一性。因此，民族传统体育在思考进入世界舞台或者说是奥运会时必须面对一种两难选择：要么放弃自身的民族特性和文化特性，走进世界，走进奥运会；要么坚守自己的文化特色、民俗特色，只寻求本民族的文化认同。民族传统体育要想进入世界舞台、进入奥运会就必须符合现行的国际化标准。但是，失去民族特色的民族传统体育将不再具有自己的文化内涵，因而也就可能失去民族文化的优势，文化的独立性也将荡然无存。

所以说，民族体育项目在一个国家或民族地区是否能够流行，能否得到民族的认同，能否可持续传承并不一定以进入奥运会或者在奥运会上的表现为标志，而是要看它的广泛性和深入民众生活的程度，看它是否能够成为这个民族的文化传统和标识，即具有了这个民族独立的文化特征。

文化的特殊性才能构成世界文化的丰富性。一个民族，尤其是一个具有丰富文化遗产和传统的民族，保持和发展自己独特的体育文化传统在当今世界尤为重要。

第三节　全球化背景下民族体育文化发展的理念

一、树立民族体育文化的平等观和创新观

受西方理性主义思潮的影响，西方竞技体育强调竞争，突出个性，追求成功，因而比较富有“竞争性”和“外向性”。而中华民族传统体

育受中华文化儒、释、道人文文化的影响，追求身心合一，修身养性，动静结合，崇尚“和合”精神，具有“调和”和“内向性”特征。所以，中西体育文化间的文化理念碰撞是体育文化发展的规律。

文化碰撞的原因在于：首先，一个民族的文化是人们在长期的历史过程中产生和积累起来的，它是每个民族本质属性的表征，是民族存在及其历史的证明。民族与其文化具有同一性，民族就是它的文化的内在根据，文化就是民族的外在表现。也就是说，民族创造了自己的文化，而它所创造的文化也诠释了这个民族。文化的消亡也就是这个民族的衰落。其次，每个民族基于自身和在实践中获得的认识，形成了统一的人性、统一的价值标准和价值的实现方式。这些民族在长期的历史实践中信奉着、实践着自己的价值观念。但是，随着文化交往的频繁，外来的文化冲击着本民族的文化及其文化价值观，本民族、本地域为了维护自己的文化，为了捍卫自己的民族，为了不至于在世界历史中丧失自己的民族特性，就会自觉抵制外来的文化，所以就会产生文化之间的碰撞。

再次，在全球化发展的今天，全球化产生的区域化逻辑刺激着各个国家采取相应的措施，以强化本民族文化的身份认同。包括加拿大、法国在内的发达国家都纷纷采取措施以保护自己的民族文化。汤林森就明确提出，全球化导致一种新的欲求，即渴望认同与差异，从而最终会催生新民族国家与民族的需求。于是，地域文化乃至民族主义在今天不仅没有削弱反而愈发抬头，甚至导致民族、地域之间的冲突愈演愈烈。

当今世界西方体育文化通过各种方式潜移默化地强调自己是先进的体育文化，代表世界体育文化的未来方向。而西方所主张的体育文化多样性，就是自己仍然保持对世界体育文化的主导地位，而各国各地区的民族体育文化则应自觉地服从西方主流体育文化的领导，在西方体育文化理念指导下，通过标准化、统一化的改造，逐渐融入西方体育主体的世界体育运动。这种观念是西方体育文化对本身先进性的盲目自信所得出的结论。当然，这种观念对民族体育文化本身的反思是深刻的，只有一种具有自我反思能力的体育文化，才能保持鲜活的生命力，才能在其发展过程中及时纠正自身的缺点和错误，取得更加持久的发展动力。民族体育文化面临体育文化多样性和先进性的双重考验，它既要保持自己的特色，又必须把赶上时代发展作为自己体育文化发展的重任。

在当今世界，各民族都在文化保护状态中吸纳与融合世界先进体育文化的成果，通过文化整合与创新，创建富有时代气息的民族体育文化，树立民族体育文化的平等观念。我们要以世界体育文化的发展趋势为背景，对民族体育文化加以理性思考，在保持个性风格完整的前提下追求世界文化的最高形式，形成“和而不同”的文化繁荣态势。

二、多样性和差异性是民族体育文化互补发展的规律

文化的多样性首先表现为文化的民族性。世界上的任何文化，都是民族的文化，文化的民族性指的是不同国家、不同地域、不同气候条件，因不同的生存空间和地理环境所形成的独特的文化传统和习惯。多姿多彩的各民族文化组成了世界文化大家庭，世界文化因各民族文化的存在而丰富多彩。民族体育文化多样性的表现形态，是与民族和社会的生存状态联系在一起的。民族的存在方式具有多样性，这就决定了民族体育文化发展多样性的客观必然。不同的种族、不同的人群、不同的肤色之间，都存在差异性，这种差异性也会通过民族体育文化的多样性表现出来，再加上人类社会历史发展的长期积累和传承，以及地域环境等方面的因素的相互作用，其多样的形态就更加复杂，与人的存在相关联的体育文化特质自然也随之表现出相应的多样性和差异性。

文化的差异性是人类生存的文化生态，不同的国家和民族有着不同的文化传统和习惯，文化具有异质性。文化是人在一定的空间和时间下创造的，它受气候、地理、资源等客观条件的影响，不同的民族生活的自然空间和历史时间不同，这种实践环境的不同赋予了不同民族文化的差异性，不同的民族在长期的社会实践中形成了独具本民族特色的生活和思维方式，也创造了自己的语言、风俗习惯、伦理道德等精神文化。这些精神文化的不断传承和发展，构成了民族的文化体系，不同民族的文化体系具有不可替代的个性。一个民族如果丧失了自己的文化特质，这个民族也就丧失了生命力，它也不是原来那个独立的民族。因而，民族体育文化自诞生之日起便具有自己民族的个性特点。民族体育文化以

其自身特殊的个性和其他民族体育文化在相互竞争中表现出自己的优势，并得以保存和发展。

民族体育文化在与异质文化的交流、碰撞过程中，其单一性、局限性会日益凸现出来，这时就必须开拓自己的文化视野。每一种民族文化在历史发展过程中，没有一种是封闭的、隔离的、不相往来的，都是一方面通过自身的创新变革文化，另一方面还不断地吸收外来的文化。因此，每一种民族文化，都是多种文化的混合物，一方面是本民族所固有的，另一方面是外来的。我们要把先进的民族体育文化和先进的世界体育文化结合起来，既要保持自己的民族文化传统，发掘传统文化的现代价值和世界意义，同时也要学习、借鉴外来文化。

世界文化发展史证明，文化多样性和差异性是互补的前提，文化多样性是人类社会的基本特征，也是人类文化发展进步的动力。越是异性、异质的文化，互补性也就越强，越有可能从对方吸收有价值的内容。任何一种体育文化在历史发展长河中，并不是自我封闭，而是在相互交流中保护自己的特色，在竞争和比较中取长补短，在求同存异中共同发展。每一种体育文化都有其长处和不足，如果某种体育文化完全相同或相似，就不可能取长补短，不可能吸收新的文化因素，这种体育文化也就没有活力。一种文化没有活力，就会停滞不前，就会衰落。我们应继承并弘扬民族体育文化的优秀特质，主动学习、借鉴他国人民创造的有益体育文化成果。国际奥委会也一直在强调：奥林匹克运动主张普遍性但不是标准划一的现代化或文化上的单一化，更不是欧洲化或西方化，而是多元的和多文化影响下的多样性。奥林匹克运动的这一发展取向，正昭示着世界体育全球化发展的多样化趋势，同时反映出世界各种体育文化的多样性和差异性与统一性的辩证观。

三、创新与保守是民族体育文化复兴的途径

复兴民族体育文化，是当代民族体育发展的重要使命，既要在世界体育舞台上展示我国体育运动的优异成绩，又要在体育文化上保持自己的独特性，力争使中国民族体育文化进入到世界体育文化主流领域与西

方体育文化并行发展。在这里“保守”与“创新”是一对结构，它们是相辅相成的互依关系，保守的目的是使民族体育文化更加稳定和巩固，创新的目的是使体育文化更加进步；保守是尊重传统、尊重历史、尊重祖先的智慧。传统经历了时间的考验，给人以安全和实在感。而创新则存在未知的变数，“创新”是“动”，“保守”是“静”，纵观历史，没有传统作为依托，任何创新都难成功。因此，传统是创新的基础，是创新成功的保障，保守是维护传统所达到的最新境界，而创新则把传统看作是未来的开端。民族体育文化“创新”之前必须有一个保守的阶段，保护和发展。民族体育文化“创新”之后也必须加以“保守”使其稳定并完善。保守传统就是为未来创新打下更好的基础，而创新则是为新的保守准备前提和条件。国际经济合作发展组织（OECD）在其1996年的年度报告中指出：“创新是由不同参与者和机构的共同体大量互动的结果，把这些看成一个整体就称作国家创新系统。”在21世纪，发展和传承民族体育文化，使其为社会服务，是世界体育创新最典型特征。

参考资料

1. Anthony Giddens, *The Consequences of modernity*, Stanford University Press, 1990.

2. 国际货币基金组织：《世界经济展望》，中国金融出版社1997年版。

3. 〔美〕托马斯·弗里德曼著，何帆、肖莹莹、郝正非译：《世界是平的：一部二十一世纪简史》，湖南科学技术出版社2006年版。

4. 罗兰·罗伯森著，梁光严译：《全球化——社会理论和全球文化》，上海人民出版社2000年版。

5. 戴维·赫尔德等著，杨雪冬等译：《全球大变革——全球化时代的政治经济与文化》，社会科学文献出版社2001年版。

6. 钟敬文主编：《民俗学概论》，上海文艺出版社2009年版。

7. 〔美〕弗雷德里克·詹姆逊著，王逢振译：《快感：文化与政治》，中国社会科学出版社1998年版。

8. Andrew Linklater, *The Evolving Spheres of International Justice*, International Affairs 75.3 (1999).

9. Jost Delbruck, *Globalization of Law*, Political and Market, Vol. 1, No. 1, Fall 1993.

10. 佟景洋：《文化全球化与中国传统节日的保护》，《时代人物》，2008年第

11 期。

11. 曹天禄、贾义保：《全球化的概念界定与要素构成》，《信阳师范学院学报》，2001 年第 4 期。

12. 但海剑：《“文化全球化”概念的界定》，《武汉教育学院学报》，1999 年第 4 期。

13. 付玉坤、刘旻航：《全球化视角下的西方体育文化发展》，《北京体育大学学报》，2006 年第 3 期。

14. 于沛：《浅析经济全球化和文化多样性》，《理论探讨》，2004 年第 3 期。

15. 巨东红：《文化全球化成因及其发展趋势探析》，《北华大学学报》，2006 年第 1 期。

16. 李荣芝、虞重干：《体育全球化与中国民族传统体育传承研究》，《体育文化导刊》，2007 年第 4 期。

17. 徐晓良、张海波：《体育全球化背景下我国民族传统体育发展的对策思考》，《体育科技文献通报》，2007 年第 7 期。

18. 杨风华、王晓峰、陈绍艳：《世界体育文化背景下民族体育文化发展的原因解析》，《体育文化导刊》，2006 年第 3 期。

19. 蓝建卓：《民族地区高校引入民族传统体育的思考——以河池学院为例》，《河池学院》，2011 年第 2 期。

20. 贾亮：《论中华民族传统体育的特性和发展前景——以武术为研究中心》，《搏击·武术科学》，2012 年第 12 期。

21. 古柏：《全球化背景下民族传统体育的文化选择》，《体育文化导刊》，2008 年第 6 期。

22. 郭发明、楚碧洋、龙佩林：《“和而不同”：全球化背景下民族传统体育发展的文化取向》，《搏击·武术科学》，2007 年第 11 期。

后　　记

笔者毕业于北京体育大学，在中央民族大学从事民族体育教育工作近30载。能够系统地学习民族学人类学理论与方法、更深入了解民族和民族文化，是从2008年有幸进入中央民族大学民族学与社会学学院民族学专业攻读硕士学位，师从王庆仁教授开始的。通过三年的学习，学院深厚的学术积淀、老师们扎实的专业功底和严谨的治学精神，使笔者获益匪浅，拓宽了研究视野，为日后的民族文化研究打下了坚实的基础。同时真正领悟了“文化是种视角，通过它，我们可以看到这个世界；与此同时，文化也造就了我们这个世界中的人类差异”。

王庆仁先生虽然从事民族学、人类学理论与方法的研究，但是非常注重理论与实践的结合，倡导民族学人类学的理论和方法要为现实服务，这对学生们的学术研究产生了积极影响。在王老师的指导和鼓励下，笔者开始从不同的角度和层面对民族体育文化进行系统的研究与探索。本书的写作纲目几经修改，每一稿都得到了王庆仁先生的精心指导，在这里表示深深的感谢！

本书纲目中原有的一些内容和设想，就笔者现在具有的研究能力和理论水平，深感不能驾驭，未敢触动，期待将来通过学识水平的不断提升，能够进一步探究。由于笔者知识水平、学术视野有限，书中粗浅、舛误之处难免，敬请专家、学者见谅和斧正。